Martina Putzi

Geistiges Fasten

Band 1

AF210139

Geistiges Fasten

Raum zum Erwachen

40 Tage der inneren Reinigung und Erneuerung

von
Martina Putzi

Copyright

Verlag. BoD · Books on Demand GmbH, Überseering
33, 22297 Hamburg, bod@bod.ch

Druck: Libri Plureos GmbH, Friedensallee 273, 22763
Hamburg

ISBN: 978-3-7597-9359-1

Erstauflage, April 2025

Widmung

Ich widme dieses Buch
meinem Umfeld –
all den lieben Menschen, denen ich begegnen darf
und die mich Tag für Tag inspirieren,
bewusst hinzusehen, zu fühlen
und die Sprache des Lebens zu erkennen.

Es sind zu viele, um sie alle zu nennen,
doch ich weiß:
Die, die gemeint sind, werden sich erkennen.

Meinem geliebten Ehemann,
der meine Begabungen sieht,
sie unterstützt und ein Umfeld erschafft,
in dem ich mich frei entfalten darf.

Es ist ein Geschenk,
dass wir unser gemeinsames Leben miteinander teilen
dürfen –
dass wir genießen können,
was wir uns erschaffen haben,
weil wir behutsam, achtsam
und mit Respekt miteinander wachsen.

Meinen Kindern,
die mich wachsen lassen und mich mit ihren Ansichten
immer wieder zum Staunen bringen.

Und meiner Schwiegermama,
die mir seit jeher mit auf den Weg gab:

„Martina, lass dein Licht leuchten."

Dieser Satz begleitet mich bis heute –
und ich weiß:
Leuchten bedeutet auch,
gesehen zu werden.

Auch wenn ich mich manchmal lieber zurückziehe,
scheint jetzt die Zeit gekommen zu sein,
mein Licht in die Welt zu tragen.

Inhaltsverzeichnis

40 Tage der Inneren Reinigung und Erneuerung

Vorwort

Die Idee zu diesem Buch ist mir in der Osterzeit
geschenkt worden.
In einer Zeit, in der viele Menschen sich mit dem
Verzicht auf Materie beschäftigen – mit dem Fasten des
Körpers, mit dem Reduzieren im Außen – wurde mir
plötzlich etwas ganz anderes bewusst:

Was wäre, wenn nicht der Körper, sondern der Geist
entgiftet werden möchte?
Was wäre, wenn nicht das Außen geklärt werden soll,
sondern unser Denken, unser Fühlen, unser inneres
Erleben?

In mir entstand ein klarer, leiser Impuls:
Es ist Zeit für ein neues Verständnis von Fasten.
Ein geistiges Fasten.

Denn alles beginnt im Geist.
Jede Realität, jede Erfahrung, jede Form von Leben –
sie entsteht zuerst in der geistigen Welt
und fließt dann in die Materie hinein.

Wenn wir diesen Gedanken tief in uns zulassen,
verändert sich alles:
Wir erkennen, dass wir Mitschöpfer sind.
Dass wir eine Wahl haben.
Dass wir entscheiden können, wie wir denken, wie wir
sehen, wie wir leben.

Geistiges Fasten bedeutet für mich:
Altes Denken loslassen.

Unbewusstes sichtbar machen.
Sich reinigen von dem, was nicht mehr wahr ist.
Und Raum schaffen für das, was in uns erwachen
möchte.

Jeder Tag dieses Buches enthält einen Impuls –
eine innere Einsicht, die mir in meinem eigenen
Erwachensprozess geschenkt wurde.
Ich teile sie mit dir nicht als Antwort, sondern als
Einladung.
Es ist mein persönlicher Blick auf das Leben, meine
ehrliche Stimme aus dem Moment heraus –
in der Hoffnung, dass sie etwas in dir berührt oder zum
Klingen bringt.

Dieses Buch darf zu einem kleinen Ritual werden.
Ein Moment der Stille – nur für dich.
Vielleicht bei einer Tasse Tee am Morgen oder in der
Ruhe des Abends.
Ein tägliches Innehalten.
Ein Lauschen in dein Inneres.
Ein bewusster Schritt hin zu dir selbst.

Du darfst diesen Raum ganz für dich allein genießen –
oder ihn mit einem lieben Menschen teilen.
Denn in der Verbindung mit anderen liegt ein großes
Potenzial: zum Erschaffen, zum Wandeln, zum
Wachsen.
Gemeinschaft vermag es, Kräfte zu bündeln und neue
Wege sichtbar werden zu lassen.
So wird jeder gemeinsame Moment zu einem Samen für
eine neue Welt.

Wenn du dich darauf einlässt, wirst du spüren,
wie dein Geist sich klärt, dein Herz sich weitet
und du wacher, lebendiger und verbundener wirst – mit
dir, mit dem Leben, mit dem Göttlichen.

Es ist mir ein tiefes Bedürfnis,
dieses Verständnis mit der Welt zu teilen.

Für alle, die bereit sind, sich dem eigenen inneren Raum
zuzuwenden.
Für alle, die spüren, dass da mehr ist, das gelebt werden
will.

Möge dieses Buch dich inspirieren, deine eigene
Wahrheit zu entdecken,
deinen Geist zu klären und ein Leben zu erschaffen,
dass sich für dich stimmig, frei und lebendig anfühlt.

In Liebe,
Martina

Einleitung – 40 Tage der inneren Reinigung und Erneuerung

Diese 40 Tage sind kein klassisches Fastenprogramm.

Es geht nicht darum, etwas zu tun, zu erreichen oder zu leisten.

Es geht darum, Raum zu schaffen.

Raum in dir. Raum in deinem Geist. Raum in deinem Leben.

Denn in jedem von uns fließt eine ursprüngliche, lebendige Kraft –

eine übernatürliche Intelligenz,

die uns geformt hat,

die unser Herz schlagen lässt,

die unsere Zellen erneuert

und unsere Seele erinnert.

Diese Kraft ist immer da.

Doch oft wird sie überlagert – von Gedanken, Erwartungen, Rollenbildern, Ängsten, Bewertungen.

Diese 40 Tage laden dich ein, dich selbst wieder zu spüren.

Deine Wahrheit.

Deine Stille.

Dein Licht.

Es ist ein geistiges Fasten –
ein bewusster Weg zurück zum Ursprung, zur Essenz
deines Seins.

Du wirst eingeladen, zu beobachten, zu fühlen, zu
erkennen, was dir nicht mehr dient – und es liebevoll zu
verabschieden.
Du wirst gestärkt, deinen inneren Raum zu klären,
damit das Göttliche durch dich fließen kann –
klar, kraftvoll, lebendig.

Jeder Tag öffnet eine Tür.
Manche führen in die Tiefe. Andere bringen Licht und
Leichtigkeit. Doch alle führen dich näher zu dir selbst.

Es braucht kein Vorwissen.
Nur deine Bereitschaft, dich dem Leben neu zu öffnen.
Still zu werden.
Wach zu werden.
Und lebendig zu werden.

Diese 40 Tage sind ein Geschenk –
an dich,
an deine Seele
und an das Leben selbst.

Willkommen auf dieser Reise nach Hause.

Tag 1: Öffne dich für die universelle Intelligenz

Tagesmotto:
„Ich erkenne, dass ich Teil eines größeren Ganzen bin."

Heilige Weisheit:
„Alles, was du suchst, ist bereits in dir."
— Unbekannt

Impuls:
Heute beginnt deine Reise des geistigen Fastens. Es geht nicht darum, etwas loszulassen oder zu verlieren — sondern darum, dich zu öffnen für das, was du gewinnen kannst.

Dein Geist ist ein Raum, ein Gefäß, ein Kanal, durch den die universelle Intelligenz fließen möchte. Und damit dieser Fluss klar und harmonisch wird, braucht es eine Reinigung — nicht als Verzicht, sondern als bewusste Klärung, um das Leben ungehindert durch dich wirken zu lassen.

Diese Reinigung beginnt mit einem bewussten Hinschauen. Mit der Bereitschaft, deine eigenen Gedanken zu erkennen und zu hinterfragen. Denn oft laufen sie automatisch ab, ohne dass du ihnen Aufmerksamkeit schenkst. Doch was wäre, wenn du plötzlich erkennst, dass du eine Wahl hast?

Meine eigene Reise begann mit genau dieser Erkenntnis:

Ich merkte, dass ich nicht ausgeliefert bin, sondern dass ich entscheiden kann, was ich denke. Dass meine Gedanken nicht einfach passieren, sondern dass ich die Möglichkeit habe, sie zu lenken – und damit mein Leben grundlegend zu verändern. Diese Entdeckung war wie ein Schlüssel, der eine Tür in mir öffnete.

Plötzlich wurde mir bewusst: **Das, was ich in mir nähre, wird sich in meinem Leben zeigen.**

Übung:

Halte heute bewusst inne und frage dich mehrmals: Was sagt das Leben mir gerade?

Spüre in dich hinein. Achte auf deine Gedanken. Sind sie unterstützend? Sind sie liebevoll?

Notiere am Abend einen Gedanken, der dich heute begleitet hat – und überlege, ob er dich gestärkt oder begrenzt hat.

Was will mir das Leben sagen?

Gab es einen Moment, in dem ich heute gespürt habe, dass das Leben mit mir kommuniziert?

Tag 2: Die Kraft der Gedanken erkennen

Tagesmotto:
„Meine Gedanken formen meine Realität."

Heilige Weisheit:
„Der Geist ist alles; was du denkst, das wirst du."
— Buddha

Impuls:
Ich war lange überzeugt, dass mein Leben von äußeren Umständen bestimmt wird.

Doch je stiller ich wurde, je ehrlicher ich hinsah, desto klarer wurde mir:

Meine Gedanken erschaffen die Welt, die ich erlebe.

Jede innere Stimme, jedes Wort, das ich über mich selbst oder über das Leben spreche,

ist wie ein Samenkorn, das ich in meinen Geist pflanze.

Einige Gedanken nähren mich —
sie bringen Klarheit, Vertrauen, Weite.

Andere engen mich ein, erschaffen Zweifel, Schwere oder Angst.

Heute weiß ich:

Es macht einen Unterschied, was ich denke.

Und noch viel mehr – wie ich denke.

Es ist nicht nur ein schöner Gedanke, dass der Geist
über Materie herrscht.

Es ist eine lebendige Wahrheit.

Eine Einladung, neugierig zu werden:

Was passiert, wenn ich bewusst liebevolle Gedanken
pflege?

Wenn ich in mir das Liebevolle schon entstehen lasse –
bevor es sich im Außen zeigt?

Ich habe es selbst erfahren:

Ich begann, ganz bewusst liebevolle Samen in meinen
Gedankengarten zu setzen.

Und dann beobachtete ich, was daraus wuchs.

Ich wusste nicht, welche Farben, welche Formen,
welche Wunder entstehen würden.

Aber plötzlich erschienen in meiner sichtbaren Welt

wunderschöne, bunte Blumen,

in einer Vielfalt, die ich mir nicht einmal hätte
ausdenken können.

Es war, als ob das Leben mir sagen wollte:

Ja. Genauso funktioniert es.

Wenn ich bewusst wähle, welche Gedanken ich nähre,

dann verändere ich nicht nur mein inneres Erleben –
ich verändere meine Realität.

Täglich.

Still.

Sanft.

Kraftvoll.

Übung:
Achte heute bewusst auf deine Gedanken.
Wann taucht Enge auf?
Wann fühlst du dich weit, lebendig, frei?

Am Abend schreibe drei Gedanken auf, die dich
begleitet haben:
Welche davon haben dich gestärkt –
und welche möchtest du vielleicht morgen nicht mehr
denken?

Was will mir das Leben sagen?
Welche Gedanken haben heute meine Wahrnehmung
bestimmt? War ich offen für neue Sichtweisen?

Tag 3: Die Stille als Quelle der Wahrheit entdecken

Tagesmotto:
„In der Stille erkenne ich, wer ich wirklich bin."

Heilige Weisheit:
„Seid still und erkennt, dass ich Gott bin."
– Psalm 46,10

Impuls:
Die Welt ist voller Geräusche, Ablenkungen und Meinungen. Doch die wahre Antwort auf deine Fragen findest du nicht im Außen – sie ist in dir.

Ich habe gelernt, Lösungen im Außen zu suchen:
in Büchern, in Gesprächen, in Informationen.
Doch das Leben spricht nicht immer laut.

Die universelle Intelligenz offenbart sich oft in der Stille
–
in einem Moment, in dem ich nicht suche,
sondern einfach bin.

Ich habe erkannt, dass in der Stille die Kraft liegt.
Es braucht nicht mein Zutun, nicht mein Machen.

Ich muss nichts – ich darf. Aber ich muss nicht.

Diesen inneren Druck rauszunehmen
und still zu werden, entspannt,
nichts tun zu müssen,
ist der Schlüssel zu einer tiefen Ruhe.
Eine Ruhe, in der das Übernatürliche wirken kann,
weil Raum entsteht für etwas Höheres,
für etwas, das mein Verstand nicht erschaffen kann.

„Seid still und erkennt, dass ich Gott bin."
Diese Worte sind für mich mehr als ein Zitat.
Sie sind eine Einladung.
Ein heiliger Ruf.

Denn in der Stille offenbart sich die übernatürliche Intelligenz.
In ihr geschieht etwas, das sich nicht denken lässt.
Etwas, das nicht aus mir kommt –
aber durch mich.

Ich lasse diese Stille einfach sein.
Ich lege mich hinein,
ohne Ziel, ohne Erwartung, ohne Müssen.

Ich bin einfach da.
Und ich genieße, wie das Leben von selbst beginnt, mit mir zu sprechen.

Übung:

Nimm dir heute drei bewusste Momente der Stille – sei es in der Natur, in einer Meditation oder einfach in einem ruhigen Augenblick. Lausche. Spüre. Sei einfach nur da.

Was will mir das Leben sagen?

Welche Erkenntnis hat mir die Stille heute geschenkt?

Tag 4: Die Kraft der Worte erkennen

Tagesmotto:
„Meine Worte formen meine Realität."

Heilige Weisheit:
„Tod und Leben stehen in der Macht der Zunge."
– Sprüche 18,21

Impuls:
Worte sind für mich nicht einfach nur Laute –
sie sind Schöpfung.

Alles, was ich ausspreche, trägt eine Energie in sich,
die hinausgeht in die Welt und etwas in Bewegung setzt.

Manchmal bewusst.
Oft unbewusst.

Doch bevor ein Wort überhaupt über meine Lippen
kommt, wurde es bereits in meinem Geist geboren.

**Das Wort ist die erste sichtbare Manifestation eines
Gedankens.**
Ein Gedanke trägt bereits eine feine Schwingung in sich
–

doch wenn er in ein Wort verwandelt wird, steigt seine Kraft.

Denn Worte treffen auf Materie.

Sie berühren.

Sie formen.

Sie erschaffen.

Und genau darin liegt die große Verantwortung:
Welche Worte will ich in die Welt senden?

Ich spüre:
Wenn ich noch nicht bewusst in meinem Geist gereinigt habe, dann spätestens, wenn meine Worte einen Raum füllen, erkenne ich, was wirklich in mir lebt.

Es gibt Momente, in denen ich spüre:
Das, was ich sagen möchte, ist nicht nährend, nicht liebevoll, nicht aufbauend.

In diesen Momenten liegt eine Einladung:
Spreche ich – oder schweige ich?

Vielleicht ist es ein Zeichen, dass meine Gedanken noch gewandelt werden wollen, bevor ich sie in Worte gieße.

Denn mein Mund ist ein heiliger Kanal.
Und die Worte, die er in die Welt trägt,
haben es verdient,
bewusst gewählt zu werden.

Ich achte auf das, was durch mich fließt. Denn ich erschaffe – mit jedem Satz, den ich ausspreche.

Übung:

Sprich heute kein negatives Wort über dich oder andere. Wenn du dich dabei ertappst, etwas Kritisches zu sagen, halte inne. Frage dich: Ist es wahr? Ist es notwendig? Ist es liebevoll? Falls nicht, formuliere es um – oder lasse die Stille für dich sprechen.

Was will mir das Leben sagen?

Wie habe ich heute meine Worte bewusst eingesetzt? Konnte ich spüren, wie sie meine Realität beeinflussen?

Tag 5: Die Kraft der inneren Bilder

Tagesmotto:
„Ich erschaffe meine Realität durch die Bilder, die ich in
mir trage."

Heilige Weisheit:
„So wie ein Mensch in seinem Herzen denkt, so ist er."
– Sprüche 23,7

Impuls:

Ich spüre, dass mein inneres Auge mehr sieht als meine
physischen Augen.

Ich trage Bilder in mir – Vorstellungen davon, wer ich
bin,
wie das Leben funktioniert und was möglich oder
unmöglich scheint.

Diese inneren Bilder sind machtvoll. Sie bestimmen,
welche Wege ich wahrnehme, welche Türen ich mir
erlaube zu öffnen und wie ich auf die Welt blicke.

Wenn ich mich selbst als klein sehe, zeigt mir das Leben
überall Grenzen.

Wenn ich mich als kraftvoll erkenne, entstehen plötzlich
Wege, wo vorher nur Mauern waren.

Doch ich habe erkannt:
Es gibt einen Unterschied zwischen den Bildern meines
Verstandes und denen, die aus der übernatürlichen
Intelligenz fließen.

Mein Verstand erschafft nur, was er kennt.
Er arbeitet mit Erinnerungen, Erfahrungen, Mustern.
Er kann mir nur zeigen, was schon einmal da war.

Aber mein **Geist** –
der Künstler in mir –
trägt eine schöpferische Kraft in sich, die über alles
hinausgeht, was ich mir je vorstellen konnte.

**Wenn ich den Verstand ruhen lasse und der
übernatürlichen Intelligenz den Pinsel in die Hand
gebe,
entstehen Meisterwerke.**

Bilder, die ich noch nie gesehen habe.
Erfahrungen, die nicht aus dem Denken kommen,
sondern aus einer tieferen Wahrheit.

Plötzlich öffnen sich Türen, die ich nicht einmal gesucht
habe. Das Leben überrascht mich.
Und ich spüre:

**Ich bin hier, um zu wachsen.
Größer zu werden.
Über mich hinauszuwachsen.**

Nicht durch Kontrolle –
sondern durch Hingabe an das Unbekannte.

Übung:

Schließe für einige Minuten die Augen und stelle dir eine Version von dir vor, die in Liebe, Kraft und Klarheit lebt. Erlaube dir, dass nicht dein Verstand dieses Bild malt, sondern dein Geist. Lass dich überraschen.
Welche Energie strahlst du aus? Was fühlt sich anders an?

Was will mir das Leben sagen?

Welche inneren Bilder habe ich heute in mir wahrgenommen? Welche Bilder möchte ich in meinem Geist nähren?

Tag 6: Die Weisheit des Herzens entdecken

Tagesmotto:

„Mein Herz kennt den Weg."

Heilige Weisheit:

„Das Herz hat seine Gründe, die der Verstand nicht kennt."

– Blaise Pascal

Impuls:

Ich lebe in einer Welt, die den Verstand über alles stellt.

Logik, Berechnungen, Analysen –

sie gelten als verlässlich und sicher.

Doch tief in mir gibt es eine andere Quelle der Weisheit:

mein Herz.

Es ist nicht nur ein Symbol der Liebe –

es ist das erste Organ, das sich in mir geformt hat.

Noch bevor mein Gehirn existierte, schlug mein Herz.

Allein diese körperliche Wahrheit zeigt mir,

wie wesentlich die Herzensebene für mein Leben ist.

Die Sprache meines Herzens ist keine Sprache der Worte – sie ist eine Sprache des Fühlens.

Wenn mein Herz spricht, dann spricht es immer mit einer sehr klaren, beruhigenden, friedvollen Energie.

Es sendet keine Zweifel.
Keine Angst.
Keine Unsicherheit.

Es sendet eine tiefe Überzeugung, die nicht gerechtfertigt werden muss.

Und wenn mein Herz spricht, dann weiß ich es einfach.

Es ist wie ein inneres Ja,
das sich ruhig und weit anfühlt –
ohne dass ich es erklären muss.

Diese Klarheit braucht keine Analyse, keinen Beweis.

Und genau deshalb ist mein Herz mein natürlicher Kompass.
Es zeigt mir meinen Weg.
Nicht in lauten Worten.
Sondern in einem tiefen Vertrauen.

Wenn ich dem Herzen folge, wird das Leben still und weit.

Dann weiß ich:

Ich bin geführt – aus einer Dimension, die über den Verstand hinausreicht.

Übung:

Halte heute bewusst inne, wenn du eine Entscheidung triffst – egal, ob groß oder klein. Spüre kurz in dein Herz hinein, bevor du antwortest oder handelst. Was sagt es dir?

Was will mir das Leben sagen?

Habe ich heute meinem Herzen zugehört? Gab es einen Moment, in dem ich spüren konnte, dass es mir einen Weg zeigen wollte?

Tag 7: Die Kunst des Empfangens

Tagesmotto:
„Ich öffne mich für das, was das Leben mir schenken
möchte."

Heilige Weisheit:
„Wer bittet, der empfängt; wer sucht, der findet; wer
anklopft, dem wird geöffnet."
– Matthäus 7,8

Impuls:

Ich habe seit Anbeginn meines Lebnes gelernt, zu
geben, zu tun, zu leisten –
aber habe ich je wirklich gelernt, zu empfangen?

Empfangen ist für mich eine Kunst.
Es bedeutet, das Leben fließen zu lassen,
anstatt es kontrollieren zu wollen.

Es ist ein bewusstes Öffnen
für das, was bereits auf dem Weg zu mir ist.

So oft habe ich um Liebe gebeten, um Fülle, um
Antworten – doch wenn sie kamen spürte ich, dass ich
innerlich die Tür noch nicht geöffnet hatte.

Warum?

Weil Empfangen Raum braucht.

**Damit etwas Neues zu mir kommen kann,
muss erst Platz entstehen.**

Diese Leere zu spüren, kann im ersten Moment
beängstigend sein.

Denn Leere fühlt sich oft nach *Nichts* an –
und das Nichts kann bedrohlich wirken,
wenn man gelernt hat, sich über das *Etwas* zu
definieren.

Und genau hier lag für mich lange die größte
Herausforderung:
Ich hatte Loslassen mit Verlust gleichgesetzt.

Doch dann begann ich, es anders zu sehen.
Was, wenn Loslassen nicht bedeutet, etwas zu verlieren
–
sondern einen Raum zu öffnen?

Wenn ich beginne, regelmäßig Dinge loszulassen,
die nicht mehr zu mir gehören –
Gedanken, alte Muster, Beziehungen, Ängste –
**dann entsteht eine Leere,
die nicht schmerzt,
sondern mich weit macht.**

Es ist eine Leere,
die wie ein Sog wirkt –
für das, was wirklich zu mir gehört.
Das Leben ist ein ständiger Fluss
aus Kommen und Gehen,
aus Loslassen und Empfangen.

Wenn ich festhalte, bleibe ich stehen.
Wenn ich vertraue,
bewege ich mich mit dem Leben.

Empfangen geschieht nicht aus Anstrengung.
Es geschieht aus Hingabe.

Und ich habe gelernt:
Wenn ich wirklich Ja sage zum Leben,
dann zeigt es mir seine Fülle.

Nicht das Leben beschränkt mich –
ich selbst bin es, die sich festhält.

Doch ich kann diese Energie wandeln.
Ich kann bewusst sagen:

„Ja, Leben – ich bin bereit.
Zeig mir deine Fülle."

Übung:

Halte heute inne, wenn dir etwas geschenkt wird – sei es ein Kompliment, eine Erkenntnis oder eine Gelegenheit. Anstatt es abzulehnen oder kleinzureden, erlaube dir, es bewusst anzunehmen. Spüre, wie es sich anfühlt, den Raum für das Neue wirklich zu öffnen.

Was will mir das Leben sagen?

Habe ich heute bewusst empfangen? Welche Geschenke hat das Leben mir gemacht?

Tag 8: Vertrauen in den Fluss des Lebens

Tagesmotto:
„Ich lasse los und vertraue darauf, dass das Leben mich
trägt."

Heilige Weisheit:
„Lass los und du wirst gehalten."
— Taoistische Weisheit

Impuls:
Ich bin aufgewachsen mit dem Gedanken,
dass ich das Leben kontrollieren muss.
Dass ich alles im Griff haben sollte.
Dass Sicherheit etwas ist,
dass ich mir erarbeiten muss.

Doch ich habe erkannt:
Das Leben ist kein starres Konstrukt –
es ist ein Fluss.

Und ein Fluss bewegt sich nicht aus Anstrengung.
Er bewegt sich,
weil er sich hingibt.

Das Wasser fragt nicht, ob es gut genug ist,
ob es die richtige Richtung hat.
Es folgt seiner natürlichen Bewegung.
Es wehrt sich nicht gegen die Strömung –
es vertraut ihr.

Ich lebte lange in der Illusion,
alles kontrollieren zu können.
Doch wie viel Kontrolle habe ich wirklich?

Kann ich steuern, ob mein Herz regelmäßig schlägt?
Kann ich entscheiden, wann sich meine Zellen
erneuern?

Das Leben selbst trägt diese Weisheit in sich.
Es organisiert sich.
Es heilt sich.
Es erschafft sich –
jeden Moment neu.

Kontrolle ist eine verzerrte Wahrnehmung.

Und das Paradoxe ist:
Sobald ich aufhöre, zu kontrollieren,
beginnt das Leben, mich zu beschenken.

Nicht, weil ich nichts tue –

sondern weil ich die innere Enge loslasse, die
verhindert, dass das Leben durch mich fließt.

Wenn ich das Vertrauen in mir kultiviere,

dass für mich gesorgt ist,

wird es sichtbar.

**Plötzlich erscheinen Dinge in meinem Leben,
die ich mit Anstrengung nie hätte erzwingen
können.**

Das Leben beginnt, sich mit mir zu bewegen –
nicht gegen mich.

Und ich erkenne:
Ich muss nichts halten.
Das Leben hält mich.

Übung:

Achte heute darauf, wann du in Widerstand gehst – sei
es gegen eine Situation, gegen einen Gedanken oder
gegen ein Gefühl. Frage dich: Kann ich es einfach
fließen lassen?

Was will mir das Leben sagen?

Gab es heute einen Moment, in dem ich mich bewusst
dem Fluss des Lebens anvertrauen konnte?

Tag 9: Die Kraft der Präsenz

Tagesmotto:
„Ich bin ganz da – im Jetzt, im Leben, im Sein."

Heilige Weisheit:
„Der gegenwärtige Moment ist das Tor zu allem, was
ist." – Eckhart Tolle

Impuls:
Präsenz bedeutet für mich, mein Denken auszuschalten.
Den Verstand zu beruhigen. Ihm nicht die Vollmacht
zu geben. Ich lasse das Werten, das Kämpfen, das
Urteilen und das Bedürfnis, mich zu beweisen, beiseite.
Und ich erlaube mir einfach nur zu sein – im Vertrauen,
dass es genau so, wie es ist, vollkommen ist.

Mir wurde bewusst:
**Jeder Mensch macht genau die Erfahrungen, die er
braucht, um zu wachsen.**
Ich darf loslassen und zusehen, wie das Leben sich
entfaltet –
ganz ohne mein Zutun, ganz ohne Kontrolle.

Ich muss niemanden verändern,
denn wahre Veränderung geschieht nicht durch Druck,
sondern durch Erkenntnis.
Und diese Erkenntnis ist wie ein inneres Zurücklehnen
ein tiefes Einverstandensein mit dem, was ist.

Es fühlt sich an,
als könnte ich mich in ein weiches, unsichtbares Bett
aus Federn fallen lassen –
und werde getragen.
Getragen von einem Feld, das ich nicht sehen kann,
aber das mich liebt, hält und führt.

Ein Feld, das weiß, was ich vergessen habe.
Ein Feld, das mich sanft erinnert,
dass ich nichts festhalten muss,
um ganz bei mir anzukommen.

In dieser Präsenz geschieht nichts „Großes" – und doch
ist es das Größte: Ich darf einfach sein. Ich muss nichts
tun, nichts erreichen, nichts verändern, um etwas wert
zu sein. Das Leben geschieht durch mich – in genau
diesem Moment.

Übung:

Erlaube dir heute immer wieder, ins Jetzt
zurückzukehren. Atme. Spüre deinen Körper. Werde
still.
Lausche.
Nicht mit den Ohren – sondern mit dem Herzen.

Was will mir das Leben sagen?

Gab es heute einen Moment, in dem ich mich einfach
nur getragen gefühlt habe – ohne Grund, ohne Ziel,
ohne Gedanken?

Tag 10: Dankbarkeit als Tür zur Fülle

Tagesmotto:
„Ich sehe das Gute – und es wird mehr davon."

Heilige Weisheit:
„Dankbarkeit verwandelt das, was wir haben, in genug –
und noch mehr."
– Unbekannt

Impuls:
Dankbarkeit ist für mich wie eine Währung – eine leise,
kraftvolle Währung, mit der wir dem Leben antworten.
Wenn wir empfangen, dann dürfen wir auch geben.
Nicht mit Leistung. Sondern mit einem fühlenden
Herzen.

**Das Leben kann uns nur so viel Fülle geben, wie
wir auch in unserer Dankbarkeit halten können.**
Und darum ist jeder Moment eine Gelegenheit, den
Blick neu auszurichten:

Wofür darf ich jetzt dankbar sein?

Was hat das Leben mir heute geschenkt, ohne dass ich
es bestellt habe?

Die Natur zeigt mir täglich, wie das Leben gedacht ist:
in Fülle, im Übermaß, in verschwenderischer Schönheit.

Eine einzige Blume trägt tausende Samen –
und jeder einzelne davon enthält das vollständige
Potenzial für eine neue Pflanze,
für neues Leben, für neue Farbenpracht.

Auch der Mensch trägt Fülle in sich –
nicht nur in Form von Millionen Zellen oder
Keimzellen,
sondern auch im Geist:
Wir tragen unzählige Gedanken, Ideen und
Möglichkeiten in uns.
Jeden Tag können wir etwas Neues erschaffen,
weitergeben oder wachsen lassen.

**Bereits bei der Entstehung neuen Lebens zeigt sich
die Großzügigkeit des Lebens:**
Millionen Samen machen sich auf den Weg, um ein
einziges Ei zu erreichen –
und doch genügt ein einziger, um neues Leben zu
beginnen.
So viele Möglichkeiten. So viel Bewegung. Und doch:
eine klare Führung.

Ein Apfelbaum schenkt ohne Zurückhaltung.
Er fragt nicht, ob alle Früchte geerntet werden.
Er trägt einfach – Jahr für Jahr – in natürlicher
Großzügigkeit.

Das Leben hält sich nicht zurück.
Es zeigt uns: Mangel ist nicht die Wahrheit.

Die Erde ist kein Ort des Mangels.
Sie ist Ausdruck natürlicher Fülle.

Sie erinnert mich daran,
dass auch ich aus dieser Fülle komme – und dass es
sicher ist, mich zu öffnen, zu geben und zu empfangen.

Und ich habe erlebt, dass Dankbarkeit ein Zustand ist,
der das Herz überfluten kann. So stark, dass es sich
anfühlt wie Verliebtsein – eine vibrierende, warme,
leuchtende Freude, die mich durchdringt.

Wenn ich in diesen Zustand gehe, verändert sich mein
Blick auf alles. Ich sehe plötzlich Möglichkeiten,
Verbundenheit, Schönheit – überall.

Übung:
Fühle heute die Dankbarkeit in deinem Körper. In
deinem Atem. In deinem Blick.
Erinnere dich: Du bist reich – jetzt schon.

Was will mir das Leben sagen?
Wofür durfte ich heute tief, wahrhaftig, bedingungslos
dankbar sein? Und wie hat mich das verändert?

Tag 11: Die Kraft des Empfangens von Führung

Tagesmotto:

„Ich bin offen für Impulse, Zeichen und göttliche Führung."

Heilige Weisheit:

„Wenn du gehst, wird dein Weg sich zeigen."

— Rumi

Impuls:

Es gibt eine übernatürliche Intelligenz in uns. Eine Kraft, die uns geformt hat, noch bevor wir denken konnten. Noch bevor unser Bewusstsein Worte kannte.

Diese Intelligenz hat im Mutterleib unser Herz als Erstes gebildet. Aus dem Nichts. Aus Licht. Aus Lebensenergie.

Sie hat aus winzigen Zellen unseren ganzen Körper erschaffen. Sie hat uns atmen lassen – durch unsere Mutter – lange bevor wir wussten, wie Atmen funktioniert.

Diese Intelligenz ist keine Vergangenheit. Sie lebt in uns. Jetzt. In jedem Moment.

Und sie spricht. Nicht in Sätzen. Sondern in Impulsen. In einem inneren Wissen, das keine Beweise braucht.

Ich habe gelernt, dieser Stimme wieder zu lauschen. Ich habe sie wie eine lang vergessene Melodie wiederentdeckt. Und heute weiß ich: Sie ist mein innerer Wegweiser.

Jeder Mensch trägt sein Lebensbild in sich – bereits vollständig.

Die Aufgabe ist nicht, es zu erschaffen, sondern es zu erinnern.

Und dann Schritt für Schritt, dieses Bild nach außen zu bringen – in die Welt, in die Form, in die Materie.

Diese innere Stimme führt uns dorthin, wo wir uns heimisch fühlen.

Wo wir unsere Gaben und Talente natürlich leben können.

Wo wir mit anderen in Resonanz kommen – wie Instrumente in einer großen Symphonie des Lebens.

Übung:

Bitte heute bewusst um ein Zeichen. Nicht aus Zweifel, sondern aus Offenheit.

Sprich innerlich: Zeige mir, was ich heute erkennen darf.

Und dann geh in den Tag. Lausche. Nicht mit dem Verstand – sondern mit dem Herz.

Was will mir das Leben sagen?

Gab es heute einen Moment, in dem ich gespürt habe, dass mich etwas Größeres führt – leise, liebevoll, klar?

Tag 12: Hingabe – das Vertrauen, dass das Leben es gut mit mir meint

Tagesmotto:
„Ich lasse los und öffne mich dem Fluss des Lebens."

Heilige Weisheit:
„Ich vertraue dem Weg, auch wenn ich ihn nicht sehe."
– Unbekannt

Impuls:

Hingabe ist für mich kein Aufgeben. Es ist das Gegenteil.

Hingabe ist die mutigste Form von Vertrauen.

Es ist der Moment, in dem ich nicht mehr mit dem Leben ringe, sondern mich bewusst entscheide:
Ich lasse mich führen.

Ich erkenne, dass mein Verstand nicht alles wissen kann. **Dass ich nicht alle Antworten brauche, um loszugehen.** Ich muss nicht alles kontrollieren, nicht alles absichern. Ich darf mich dem hingeben, was größer ist als ich – und gleichzeitig in mir lebt.

Und dann wird mir bewusst: In der Hingabe steckt das Wort „Gabe".

Wenn ich mich ganz hingebe – wenn ich aufhöre zu kämpfen, zu planen, zu machen – dann beginnt etwas in mir zu leuchten. Meine Gaben werden sichtbar.

Das, was in mir angelegt ist.

Das, was durch mich in die Welt will.

Hingabe ist wie das Öffnen eines inneren Tores. Und sobald ich durchgehe, spüre ich:

Jetzt bin ich im Fluss.

Jetzt bin ich verbunden mit dem Leben. Jetzt geschieht nicht mehr alles durch mein Tun – sondern durch mein Sein.

Hingabe heißt: Ich vertraue darauf, dass das Leben mich liebt.

Und ich bin bereit, mit ihm zu tanzen.

Übung:

Wähle heute bewusst einen Moment, in dem du dich innerlich entspannst.

Ein Moment, in dem du bewusst loslässt. Vielleicht bei einem Gedanken, den du nicht lösen kannst.

Oder in einer Situation, in der du keine Antwort hast.

Atme tief – und sage dir: Ich vertraue. Ich gebe mich hin. Und ich öffne mich für meine Gabe.

Was will mir das Leben sagen?

Gab es heute einen Augenblick, in dem ich loslassen und dem Leben Raum geben konnte – sodass etwas Wahres aus mir hervorfließen durfte?

Tag 13: Die Macht der Ausrichtung

Tagesmotto:

„Wohin ich meine Aufmerksamkeit richte, dorthin fließt
meine Energie."

Heilige Weisheit:

„Du wirst immer das finden, worauf du schaust."

– Unbekannt

Impuls:

Ich habe erkannt: Mein innerer Zustand ist nicht das
Ergebnis meines Lebens – sondern sein Ursprung.

Was ich in mir trage, wie ich mich ausrichte, worauf ich
mich innerlich fokussiere – all das bestimmt, was mir im
Außen begegnet.

Meine Gedanken, meine Emotionen, meine innere
Haltung – sie alle sind wie Strahlen, die ich aussende.
Und das Leben antwortet. Es spiegelt mir, was in mir
lebendig ist.

Aufmerksamkeit beginnt mit Bewusstwerdung.

Ich frage mich: Auf was schaue ich? Und noch tiefer:
Welche Werte trage ich in mir?

Denn **meine inneren Werte** sind wie Fixsterne am
Himmel meines Lebens.

Wenn ich mir ihrer bewusst bin, kann ich mich immer wieder daran ausrichten – selbst wenn es stürmt.

Wenn ich weiß, was mir wirklich wichtig ist – Wahrheit, Liebe, Klarheit, Frieden, Freiheit – dann kann ich meinen Blick bewusst auf das richten, was diese Werte stärkt.

Meine Werte sind mein innerer Anker.

Und meine Aufmerksamkeit ist der Weg, durch den sie sich in meinem Leben entfalten dürfen.

Die Ausrichtung ist wie ein Kompass.

Je klarer ich mich ausrichte, desto klarer zeigt sich mein Weg.

Übung:

Richte dich heute bewusst aus.

Wähle morgens ein inneres Motto – vielleicht „Ich erwarte Wunder" oder „Ich bin ein Segen für die Welt."

Spüre: Welche Werte möchtest du heute bewusst leben?

Halte im Laufe des Tages inne und frage dich: Bin ich noch in Einklang mit meiner Ausrichtung?

Wenn nicht – richte dich neu aus.

Was will mir das Leben sagen?

Worauf habe ich heute meine Aufmerksamkeit gerichtet – und welche meiner inneren Werte haben sich dadurch gezeigt oder entfalten dürfen?

Tag 14: Mich annehmen, wie ich bin

Tagesmotto:

„Ich ehre mich in allem, was ich bin – und in allem, was
ich noch werde."

Heilige Weisheit:

„Du bist nicht hier, um perfekt zu sein. Du bist hier, um
ganz du zu sein."

– Unbekannt

Impuls:

Ich habe erkannt: Heilung beginnt mit Annahme.

Nicht mit Veränderung. Nicht mit Optimierung. Nicht
mit dem Versuch, jemand anders zu sein – sondern mit
einem liebevollen Ja zu mir selbst.

So wie ich jetzt bin – mit all meinen Licht- und
Schattenseiten – bin ich auf meinem Weg. Und genau
hier darf ich mich umarmen.

Nicht erst, wenn ich „besser" bin. Sondern jetzt.

Die Welt hat mir gesagt, wer ich sein soll - doch mein
Herz erinnert mich daran, wer ich wirklich bin.

Und jedes Mal, wenn ich mir selbst in Liebe begegne –
auch in Momenten der Unsicherheit, der Schwäche oder
des Zweifels –, schenke ich mir selbst Heilung.

Selbstannahme ist keine Selbstaufgabe. Sie ist der erste Schritt in meine wahre Kraft.

Denn nur was ich annehme, kann sich wirklich wandeln.

Und wie lerne ich mich selbst kennen?

Indem ich mich mit mir verabrede.

Einmal in der Woche nehme ich mir bewusst Zeit für mich selbst – als wäre ich **mein eigener Lieblingsmensch.** Ich stelle mir Fragen. Ich schreibe mir einen Liebesbrief. Ich koche mein Lieblingsessen. Ich ziehe mich schön an – nur für mich. Ich höre zu. Ich lausche. Ich entdecke, wer ich bin.

Denn ich bin der Mensch, mit dem ich am meisten Zeit verbringe.

Deshalb ist es nur natürlich, dass ich lerne, mich selbst zu lieben, mir selbst zu begegnen und mich zu achten.

Was ist mein größter Wunsch? Was möchte mein Herz erreichen? Was bedeutet Glück für mich?

Und: Welche Werte sind meine?

Diese Fragen führen mich zu meinem inneren Fundament – zu dem Boden, auf dem alles aufgebaut wird, was in meinem Leben Gestalt annimmt.

Übung:

Verabrede dich mit dir selbst.

Plane ein kleines, bewusstes Date – nur mit dir.

Tu etwas, das dir guttut, das dich ehrt, das dich berührt.

Und spüre: Wie fühlt es sich an, mir selbst so zu begegnen?

Was will mir das Leben sagen?

Gab es heute einen Moment, in dem ich mich mit liebevollen Augen gesehen habe – wie einen Menschen, den ich wertschätze, achte und liebe? Und durfte ich vielleicht etwas über meine wahren Werte erkennen?

Tag 15: Ich bin verbunden – mit allem, was ist

Impuls:

Es gibt Momente, in denen ich mich abgetrennt fühle –
von anderen, vom Leben, manchmal sogar von mir
selbst.

Doch immer dann, wenn ich innehalte, still werde, atme,
spüre ich: Ich bin verbunden.

Ich war es immer.

Diese Verbindung ist nicht sichtbar – aber sie ist
fühlbar.

Sie zeigt sich in der Natur, im Lächeln eines Menschen,
in einem plötzlichen Impuls, der wie aus dem Nichts
kommt.

Sie ist wie ein feines Netz aus Licht – und wir alle sind
darin eingebettet.

**Verbunden zu sein bedeutet für mich:
Gelassenheit.**

Ich muss nichts dazutun, nichts wegnehmen, nichts richten oder verbessern. Ich darf alles so sein lassen, wie es ist – mich selbst, mein Gegenüber, das Leben.

Denn wahre Gelassenheit entspringt dem Lassen.
Dem Loslassen von Kontrolle, vom „Machenwollen", vom inneren Drang, etwas verändern zu müssen.
Wenn ich einfach lasse, was ist – entsteht Entspannung.
Und mit ihr eine Haltung der Weite, des Vertrauens und des Friedens.

Eine entspannte Haltung allem und jedem gegenüber.
Das ist für mich wahre Verbundenheit:
Nicht im Tun, sondern im Sein.
Nicht im Wollen, sondern im Zulassen.
Nicht im Kampf, sondern im Einklang.

In dieser Annahme entsteht Nähe. Nähe ohne Anstrengung.

Wenn ich im Außen lebe, in der Dualität, in der Bewertung, im Ego, entsteht Trennung.

Denn das Ego will sich abgrenzen, unterscheiden, rechtfertigen.

Doch wenn ich beginne, mit dem Herzen zu sehen, wenn ich die Einzigartigkeit in jedem Einzelnen erkenne, dann leuchtet plötzlich eine Gemeinsamkeit auf, die durch uns alle fließt.

Und das ist für mich wahre Verbundenheit:
Nicht Gleichheit.
Sondern das Erkennen, dass wir alle Teil eines
großen Ganzen sind – in unserer Einzigartigkeit.

Übung:

Gehe heute bewusst in Verbindung – mit dir, mit einem anderen Menschen, mit einem Baum, mit dem Himmel.

Lege deine Hand auf dein Herz und spüre: Ich bin nicht getrennt. Ich bin verbunden.

Was will mir das Leben sagen?

Gab es heute einen Moment, in dem ich erkennen durfte,

dass das Lassen der Dinge mich gelassen werden ließ?

Einen stillen Augenblick, in dem ich nichts verändern, nichts verbessern musste –

und genau darin Frieden fand?

Habe ich gespürt, dass das Leben ins Fließen kommt,

wenn ich aufhöre, es kontrollieren zu wollen?

Wann wurde mir bewusst,

dass wahre Kraft im Vertrauen liegt –

und nicht im Eingreifen?

Tag 16: Ich gehe meinen eigenen Weg

Tagesmotto:

„Ich bin richtig, so wie ich gehe – auch wenn andere
anders gehen."

Heilige Weisheit:

„Der Weg entsteht, indem du ihn gehst."

– Antonio Machado

Impuls:

Manchmal scheint es, als wären andere schon viel
weiter.

Sie wissen mehr. Können mehr. Gehen schneller.

Und doch habe ich erkannt: Mein Weg ist nicht ihrer.
Und ihrer ist nicht meiner.

**Jeder Mensch hat seinen ureigenen Rhythmus. Sein
Tempo. Seine Lernfelder. Seine Berufung.**

Und wenn ich beginne, mich mit anderen zu
vergleichen, verliere ich die Verbindung zu mir selbst.
Ich beginne, gegen mich zu laufen, statt mit mir.

Ich habe gelernt, meinem inneren Takt zu lauschen.

Mich nicht treiben zu lassen von Erwartungen, sondern
geführt zu werden von meinem inneren Ruf.

Und oft ist dieser Ruf leise. Zart.

Doch wenn ich still werde, höre ich ihn.

Mein Weg darf anders aussehen.
Langsamer. Tiefer. Freier.
Oder mutiger, unkonventioneller, unsichtbarer.
Denn nur ich weiß, was sich für mich stimmig anfühlt.

Meinen Weg zu gehen bedeutet für mich, mir selbst treu
zu bleiben.
Und dieser Weg beginnt damit, dass ich mich selbst
kennenlerne. Denn nur wenn ich weiß, wer ich bin,
kann ich erkennen, wann ich mich verbiege – und wann
ich in meiner Wahrheit stehe.

Als Kind habe ich mich oft verstellt. Ich habe gespürt,
was andere von mir erwarten, und habe versucht, ein
liebes, braves Mädchen zu sein – so, wie sie mich gern
gehabt hätten.
Doch heute, als Frau, erkenne ich:
Ich habe so viele schöne Seiten in mir, die blühen und
erwachsen werden wollen.
Und dafür brauche ich meine Zeit. Mein Tempo.
Meinen Rückzug. Meinen Safe Space.

Nur ich kann bestimmen, wie das aussieht.
Nur ich kann spüren, wie es sich für mich richtig
anfühlt.

Ich gehe nicht, um anzukommen.

Ich gehe, um ich selbst zu sein.

Übung:

Erinnere dich heute bewusst daran, dass dein Weg
einzigartig ist.

Spüre in dich hinein: Gehe ich in meinem Rhythmus?
Oder versuche ich, jemand anderem zu folgen?

Wenn du magst, schreibe dir selbst ein paar Worte: „Ich
erlaube mir, so zu gehen, wie es mir entspricht."

Was will mir das Leben sagen?

Gab es heute einen Moment, in dem ich meinen eigenen
Weg gespürt habe – unabhängig davon, was andere tun
oder denken?

Tag 17: Ich habe den Mut, mich zu verändern

Tagesmotto:
„Ich bin bereit, loszulassen, was ich nicht mehr bin –
und zu werden, was in mir ruft."

Heilige Weisheit:
„Und plötzlich weißt du: Es ist Zeit, etwas Neues zu
beginnen und dem Zauber des Anfangs zu vertrauen."
– Meister Eckhart

Impuls:
Veränderung ist kein einmaliges Ereignis – sie ist ein
ständiger Prozess.
Und doch braucht es immer wieder diesen einen
Moment:
Den Moment, in dem ich mich entscheide.
Für mich.
Für meinen nächsten Schritt.
Für mein inneres Ja.

Ich habe erlebt, dass Veränderung oft nicht bequem ist.
Sie fordert mich heraus. Sie wirbelt auf.
Aber genau dadurch bringt sie mich näher zu mir selbst.

Es gibt Anteile in mir, die ich lange getragen habe – aus Gewohnheit, aus Anpassung, aus Angst.

Doch ich spüre: Sie gehören nicht mehr zu mir.

Ich darf sie würdigen – und gehen lassen.

Veränderung bedeutet Wachstum.

Wachstum bedeutet Leben.

Und Leben ist das, wofür wir geboren sind: für ein ständiges Werden.

In dem Moment, in dem ich mich verändere und wachse, bin ich nicht nur für mich eine Bereicherung – ich werde auch zu einem Geschenk für mein Umfeld.

Es ist ein Paradox:

Wir Menschen fühlen uns dort wohl, wo alles vertraut ist.

Wir halten gerne fest – an dem, was wir kennen.

Doch wenn wir den Mut aufbringen, uns wirklich zu verändern,

erkennen wir:

Wir sind gemacht für Entwicklung. Für Entfaltung. Für Großartigkeit.

Mut zur Veränderung bedeutet nicht, alles über Nacht zu drehen.

Es bedeutet, ehrlich hinzuschauen.

Und Schritt für Schritt das zu lösen, was mich klein hält.

Und das zu stärken, was in mir wachsen will.

Jede Veränderung beginnt im Innen.

Mit einem Gedanken.

Einer Erkenntnis.

Einer stillen Entscheidung.

Und plötzlich zeigt sich das Neue.

Nicht, weil ich es erzwungen habe –

sondern weil ich den Raum dafür geöffnet habe.

Übung:

Schreibe dir heute auf, was du loslassen möchtest –
nicht aus Ablehnung, sondern in Liebe.

Und dann notiere, was in dir wachsen will.

Vielleicht ist es Mut. Oder Vertrauen. Oder deine
Stimme.

Was will mir das Leben sagen?

Gab es heute einen Moment, in dem ich innerlich bereit
war, etwas Altes loszulassen – damit das Neue in mir
erwachen kann?

Tag 18: Ich übernehme Verantwortung für mein Leben

Tagesmotto:

„Ich bin nicht das Opfer meiner Umstände – ich bin der Schöpfer meines Lebens."

Heilige Weisheit:

„Zwischen Reiz und Reaktion liegt ein Raum. In diesem Raum liegt unsere Macht zur Wahl."

– Viktor E. Frankl

Impuls:

Es gab Zeiten, in denen ich geglaubt habe, das Leben geschieht mir.

Ich fühlte mich ausgeliefert, eingeengt, fremdbestimmt.

Doch mit der Zeit habe ich erkannt:

Ich bin nicht machtlos.

Ich bin vielleicht nicht für alles verantwortlich, was mir passiert –

aber ich bin verantwortlich dafür, wie ich darauf reagiere.

Wie ich denke, wie ich fühle, wie ich handle.

Wenn ich beginne, Verantwortung für mein Inneres zu übernehmen, verändert sich mein Äußeres.

Nicht sofort. Nicht auf Knopfdruck. Aber grundlegend.

Selbstverantwortung ist für mich kein Druck – sondern Befreiung.
Denn sie erinnert mich daran, dass ich jederzeit neu wählen kann.
Meine Gedanken. Meine Haltung. Meine Richtung.

Und in dieser Verantwortung erkenne ich:
Ich trage in mir eine Schöpferkraft.
Eine Kraft, die gelebt werden will.
Eine Kraft, die etwas durch mich in die Welt bringen möchte.

Wenn ich mich in Tätigkeiten verliere, die nicht aus mir heraus entstehen –
die mich nicht mit meinem inneren Wesen verbinden –
dann beginnt etwas in mir zu verdorren.
Ich spüre eine Leere.
Es saugt mich aus.

Doch wenn ich erschaffe,
wenn ich gebäre,
wenn ich mich in die Welt hineinatme,
dann erlebe ich Sinn.
Dann erlebe ich mich lebendig.

Ich bin nicht hier, um etwas zu tun.

Ich bin hier, um etwas aus mir zu machen.

Mein Wesen zu zeigen.

Meine Kraft fließen zu lassen.

Mich zu verschenken – an das Leben.

Übung:

Beobachte heute bewusst, wo du dich vielleicht noch als Opfer siehst – in kleinen oder großen Momenten.

Und frage dich: Was wäre, wenn ich hier die Verantwortung übernehme?

Und was darf ich heute schöpferisch in die Welt tragen – sei es durch ein Wort, eine Geste, eine Entscheidung?

Was will mir das Leben sagen?

Habe ich erkannt, dass jeder noch so kleine Schritt aus der inneren Klarheit heraus neue Weichen für meinen Lebensweg stellt – und dass mein mutiges Ja zum Leben die Richtung verändert?

Wo durfte ich heute erleben,

dass ich nicht Opfer der Umstände bin,

sondern bewusster Mitgestalter meines Weges?

Tag 19: Ich vergebe – und befreie mich selbst

Tagesmotto:

„Ich lasse los, was mich bindet – und öffne mich für Frieden."

Heilige Weisheit:

„Vergebung bedeutet nicht, dass das Geschehene in Ordnung war – sondern dass ich mich entscheide, frei zu sein."

– Unbekannt

Impuls:

Es gab Momente in meinem Leben, in denen ich verletzt wurde.

Worte, die geblieben sind.

Handlungen, die nachwirkten.

Situationen, die mein Herz verschlossen haben.

Lange hielt ich fest.

An Schuldzuweisungen. An Groll. An dem Wunsch nach Wiedergutmachung.

Doch ich erkannte:

Solange ich festhalte, bin ich nicht frei.

Vergebung ist kein Geschenk an den anderen –

es ist ein Geschenk an mich selbst.

Es bedeutet nicht, dass ich gutheiße, was war.

Sondern dass ich erkenne:

Ich will nicht länger darunter leiden.

Ich will nicht länger ein inneres Gefängnis
aufrechterhalten –

für etwas, das längst vergangen ist.

Und ich habe etwas Entscheidendes verstanden:

Vergebung enthält das Wort „geben".

Wenn ich vergebe, dann gebe ich etwas frei.

Ich gebe den Frieden frei.

Ich gebe die Bindung an das, was geschehen ist, frei.

Und in diesem Geben löst sich etwas auf.

Ich bin zutiefst überzeugt:

Jeder Mensch handelt immer aus seinem jeweiligen
Bewusstseinszustand.

Wenn ich das erkenne, muss ich niemandem mehr Groll
entgegenbringen.

Stattdessen kann ich Mitgefühl empfinden – für den
Schmerz, den jemand in sich trägt.

Denn nur verletzte Menschen verletzen andere
Menschen.

Und wenn ich diese Verletzung nicht annehme,

wenn ich sie nicht in mein Herz hineinlasse,

dann habe ich schon Heilung in Gang gesetzt.

Vergebung ist für mich eine stille Revolution des Herzens.

Und sie beginnt in mir.

Übung:

Spüre heute in dich hinein:

Gibt es einen Menschen, dem du noch nicht vergeben hast?

Oder vielleicht dir selbst?

Sprich innerlich: Ich bin bereit, dich und mich in Frieden loszulassen.

Du musst nichts fühlen. Es genügt, bereit zu sein.

Was will mir das Leben sagen?

Gab es heute einen Moment, in dem ich spüren konnte, dass Vergebung ein Tor zur Freiheit ist – und dass ich den Schlüssel bereits in mir trage?

Tag 20: Ich entdecke meine innere Stärke

Tagesmotto:

„In mir ruht eine Kraft, die größer ist als jede
Herausforderung."

Heilige Weisheit:

„Stärke bedeutet nicht, nie zu fallen – sondern immer
wieder aufzustehen."

– Unbekannt

Impuls:

Ich hatte Zeiten, in denen ich ernsthaft daran zweifelte,
dass ich das durchstehen kann.

In denen der Boden unter mir zu schwanken schien.

In denen ich müde war vom Leben.

Und doch bin ich noch hier.

Ich bin weitergegangen.

Vielleicht langsam. Vielleicht leise.

Aber ich bin gegangen.

Innere Stärke zeigt sich nicht im Kampf.

Sie zeigt sich im Loslassen – in der Sanftheit, im
Vertrauen, im Aufstehen.

Ich erinnere mich an den Moment, als ich nichts mehr im Griff hatte.

Ich versuchte, alles zu kontrollieren, auf jede Frage eine Antwort zu haben, immer stark zu wirken.

Doch in einem einzigen Augenblick wurde mir klar:

Ich weiß nichts. Ich habe nichts unter Kontrolle. Und ich bin mit all dem allein.

Und gerade da – inmitten dieser Ohnmacht – geschah etwas.

Mir wurde bewusst:

Ich bin getragen.

Von einer Kraft, die mich in die Welt gebracht hat.

Von einer Intelligenz, die mein Herz schlagen lässt, die atmet, die führt.

Diese Kraft hat mich geboren.

Und sie wird mich eines Tages sanft aus dieser Welt hinausführen –

wenn meine Zeit gekommen ist.

Und solange ich hier bin, trägt sie mich durch mein Leben.

Ich muss nicht alles wissen.

Ich muss nichts im Griff haben.

Solange ich das Leben achte – achtet das Leben auf mich.

Solange ich vertraue – wird mir der Weg gezeigt.

Das ist für mich wahre Stärke:

Nicht, dass ich alles kann.

Sondern dass ich mich halten lasse – vom Leben selbst.

Übung:

Erinnere dich heute an eine Zeit, in der es nicht leicht war.

Eine Phase, die dich herausgefordert, vielleicht sogar an deine Grenzen gebracht hat.

Und doch bist du weitergegangen.

Was ist daraus gewachsen?

Welche innere Kraft hast du damals entdeckt – auch wenn du sie erst viel später erkannt hast?

Was hat dir geholfen, weiterzugehen?

Was hast du damals in dir gefunden?

Spüre: Diese Kraft ist immer noch da.

Was will mir das Leben sagen?

Gab es heute einen Moment, in dem ich meine innere Stärke gespürt habe – nicht durch Anstrengung, sondern durch Vertrauen?

Tag 21: Ich achte auf die Qualität meiner Gedanken

Tagesmotto:

„Was ich denke, nährt mein Innerstes – ich wähle achtsam."

Heilige Weisheit:

„Achte auf deine Gedanken – sie werden Worte.

Achte auf deine Worte – sie werden Taten.

Achte auf deine Taten – sie formen dein Leben."

– aus dem Talmud

Impuls:

Ich habe erkannt, dass Gedanken nicht einfach kommen und gehen – sie gestalten.

Sie sind wie Samen, die ich in meinen inneren Garten streue.

Was ich denke, nimmt früher oder später Gestalt an.

Ich sehe meinen Geist wie einen Garten –

meinen Gedankengarten.

Und wenn ich bewusst hineingehe, dann sehe ich,

welche Blumen blühen, welche Pflanzen wachsen,

welche Gedanken bunt, lebendig, freudvoll sind.

Da gibt es Gedanken, die verbinden.

Die pflegen.

Die Farben tragen.

Die mich zum Lächeln bringen und Beziehungen stärken.

Und es gibt Gedanken, die dürr sind,

die trennen,

die keine Lebensenergie in sich tragen –

sie sind wie wucherndes Unkraut, das alles überwuchern will.

Es liegt an mir, zu entscheiden:

Welche Gedanken gieße ich?

Welche dürfen wachsen –

und welche lasse ich bewusst austrocknen,

weil sie mir nicht dienen?

Pflege deinen Gedankengarten.

Es ist ein heilsames, kraftvolles Hobby.

Denn was du in deinem Inneren hegst, blüht auch im Außen.

Übung:

Beobachte heute ganz bewusst deine Gedanken.

Welche Gedanken blühen?

Welche sind lebendig – welche trennend?

Und frage dich: Welche Samen möchte ich heute setzen
– damit mein Garten in Liebe wächst?

Was will mir das Leben sagen?

Gab es heute einen Moment, in dem ich meinen
Gedankengarten pflegen konnte – bewusst, liebevoll,
achtsam?

Tag 22: Ich wähle meine Worte mit Bewusstsein

Tagesmotto:

„Meine Worte sind Samen – ich säe Liebe, Wahrheit und Klarheit."

Heilige Weisheit:

„Sprich nur, wenn deine Worte schöner sind als die Stille." – Arabisches Sprichwort

Impuls:

Ich habe erkannt, dass Worte nicht einfach Schallwellen sind.

Sie sind Energie.

Sie tragen Kraft.

Sie schaffen Wirklichkeit.

Jedes gesprochene Wort ist wie ein Same, den ich in das Leben eines anderen – und in mein eigenes – pflanze.

Deshalb wähle ich meine Worte mit Bewusstsein.

Manchmal ist es besser, zu schweigen.

Nicht, weil ich nichts zu sagen hätte –

sondern weil die Stille heiliger ist als jedes ungeprüfte Wort.

Und wenn ich spreche, dann frage ich mich:

Ist es wahr?

Ist es liebevoll?

Ist es notwendig?

Ich habe erlebt, dass meine Worte auch mir selbst gelten.

Immer, wenn ich aus dem Herzen spreche, spüre ich:

Es spricht nicht nur ich – es spricht etwas durch mich.

Diese Worte tragen eine andere Frequenz.

Sie fließen nicht aus dem Verstand, sondern aus der Tiefe meines Seins.

Und genau dann berühren sie.

Dann durchdringen sie Formen, Materie, Strukturen.

Sie pflanzen sich ein – in andere Herzen, in Räume, in das Leben selbst.

Wenn ich hingegen aus dem Verstand spreche,

spüre ich oft Schwere.

Ich ringe um Worte.

Ich will etwas übermitteln – doch es kommt nicht an.

Deshalb gehe ich achtsam mit meinen Worten um.

Denn Worte sind heilig.

Und sie haben Kraft.

Übung:

Beobachte heute deine Sprache.

Welche Worte benutzt du – im Gespräch mit anderen, aber auch mit dir selbst?

Gab es einen Moment, in dem du gespürt hast: Jetzt spricht etwas Größeres durch mich?

Verweile in dieser Energie.

Was will mir das Leben sagen?

Gab es heute einen Moment, in dem ich erleben durfte, wie Worte berühren können – weil sie aus meinem Herzen kamen?

Tag 23: Ich bringe Achtsamkeit in mein tägliches Leben

Tagesmotto:

„Ich bin ganz da – im Tun, im Sein, im Augenblick."

Heilige Weisheit:

„Wo immer du bist – sei ganz dort."

– Eckhart Tolle

Impuls:

Oft suchen wir die Stille, die Verbundenheit, das Heilige in besonderen Momenten.

In der Meditation. In der Natur. In der Rückschau.

Doch das Leben flüstert uns zu:

Ich bin hier. Jetzt. In deiner Gegenwart. In deinem Alltag.

Achtsamkeit ist nicht etwas, das wir praktizieren.

Achtsamkeit ist ein Zustand des Seins.

Ein Innehalten. Ein Hinspüren.

Ein Sich-selbst-zuwenden – mitten im Tun.

Ich bin zur Einsicht gekommen:

Wenn ich mir selbst beim Geschirrspülen zusehe,

wenn ich den Atem spüre, während ich durch den Tag
gehe,
wenn ich meine Hände beim Kochen oder Falten spüre
–
dann wird mein Alltag zum Gebet.

Mir wurde tief bewusst:
Es gibt nur diesen Moment.
Wir sprechen oft von morgen, von gestern, von nachher
–
doch diese Zeitpunkte existieren nie.
Denn alles, was wir je haben, ist immer jetzt.
Denn selbst wenn „morgen" kommt,
ist es wieder nur ein neues Jetzt.
Das Morgen, wie wir es uns vorstellen,
wird niemals eintreffen –
denn wir leben immer nur im gegenwärtigen
Augenblick.

**Wenn wir diese Wahrheit nicht nur denken,
sondern fühlen – wenn sie in unser bewusstes Sein
einsinkt –
dann öffnet sich der Augenblick.**

Dann erkennen wir:
Ich existiere nur jetzt. Und in diesem Jetzt liegt alles.

In diesem Augenblick entsteht Meditation –
nicht als Technik, sondern als Mitte.

Als völlige Präsenz.

Und wer diese Präsenz lebt,
hat die ganze Wahrheit erkannt:
**Das Leben findet nie später statt. Es ist immer
genau hier.**

Übung:

Wähle heute eine alltägliche Handlung – Zähneputzen,
Kochen, Gehen –
und sei ganz präsent dabei.

Nicht im Denken, nicht im Planen. Nur im Fühlen,
Spüren, Sein.

Frage dich: Was ist jetzt da?

Was will mir das Leben sagen?

Gab es heute einen Moment, in dem der Alltag plötzlich
leuchtete – weil ich ganz präsent war?

Tag 24: Ich erlaube mir, zu ruhen und zu regenerieren

Tagesmotto:

„Im Innehalten entsteht das Neue."

Heilige Weisheit:

„Nach der Blüte braucht es Stille – damit sich neue Kraft bildet."

– Unbekannt

Impuls:

Wir leben in einer Welt, die das Tun verherrlicht.

Das Produktive. Das Effiziente. Das Sichtbare.

Doch das Leben folgt einem anderen Rhythmus.

Nach jeder Welle kommt Stille.

Nach jedem Atemzug eine Pause.

Nach jedem Blühen eine Phase des Rückzugs.

Ich durfte erkennen, dass wahres Wachstum nicht im Tun entsteht – sondern im Raum dazwischen.

In dem Moment, in dem ich zur Ruhe komme,

beginnt mein Inneres sich zu sortieren.

Mein Körper beginnt zu heilen.

Meine Seele beginnt zu sprechen.
Die Ruhe ist der Schlüssel zum Bewusstwerden.

Wie beim Krafttraining:
Der Muskel wächst nicht während der Anstrengung –
sondern in der Regeneration.
So wächst auch mein Geist. So heilt meine Seele.

Wenn ich erschaffe, ausdrücke, wirke –
dann ist das kraftvoll.
Doch die Transformation geschieht in der Stille.
Dort, wo ich bei mir bin.
Dort, wo ich einfach nur bin –
ohne Ziel, ohne Tun, ohne Erwartung.

Ruhe ist kein Stillstand.
Sie ist ein heiliger Ort, an dem das Neue gezeugt wird.

Und ich darf mir erlauben, mich auszuruhen.
Nicht, weil ich „fertig" bin –
sondern weil ich mich wertschätze.
Weil ich verstehe, dass ich nicht durch Leistung wachse,
sondern durch Liebe – auch zu mir selbst.

Übung:

Schenke dir heute ganz bewusst einen Moment der echten Ruhe.

Ohne Ablenkung. Ohne Ziel.

Vielleicht legst du dich hin, vielleicht schaust du in den Himmel, vielleicht hörst du dein Herz schlagen.

Tu nichts. Sei einfach.

Was will mir das Leben sagen?

Gab es heute einen Moment der Regeneration, in dem ich spüren durfte: Jetzt heilt etwas in mir – weil ich es mir erlaubt habe, einfach zu sein?

Tag 25: Ich kultiviere Dankbarkeit als Lebenshaltung

Tagesmotto:
„Ich sehe das Gute – auch im Kleinen, auch im
Verborgenen."

Heilige Weisheit:
„Nicht die Glücklichen sind dankbar.
Die Dankbaren sind glücklich."
– Francis Bacon

Impuls:
Dankbarkeit verändert alles.
Nicht, weil sich im Außen sofort alles wandelt –
sondern weil sich mein Blick verändert.
Mein Fokus. Meine Haltung.

Ich habe eingesehen:
Dankbarkeit ist kein Gefühl – sie ist eine Entscheidung.
Eine Haltung.
Ein bewusster Blick auf das, was schon da ist.

Oft glauben wir, wir können erst dankbar sein, wenn
etwas „gut läuft".

Doch die Wahrheit ist:

Dankbarkeit bringt das Gute erst hervor.

Wenn ich beginne, das Leben mit dankbarem Herzen zu sehen, verändert sich mein inneres Klima.

Ich sehe plötzlich Fülle, wo vorher Mangel war.

Verbindung, wo vorher Trennung war.

Und ich erkenne: Wenn ich anfange, dankbar zu sein, öffnet sich ein Tor.

Ein Tor zur Wertschätzung.

Plötzlich beginnt mein Herz das Leben zu ehren.

Nicht nur das Große, das Sichtbare –

sondern das Selbstverständliche, das Lebendige, das Stille.

Ich bin dankbar, überhaupt am Leben zu sein.

Dankbar dafür, das Leben erleben zu dürfen.

Dankbar für jede Zelle, die sich erneuert.

Für jeden Sinn, der funktioniert.

Für meinen Atem. Für mein Bewusstsein.

Diese Form von Dankbarkeit lässt das Leben durch mich fließen.

Sie macht mich durchlässig für Wunder.

Und sie erinnert mich daran:

Das Leben ist ein Geschenk.

Und ich bin hier, um es zu würdigen.

Übung:

Notiere dir heute mindestens drei Dinge, für die du dankbar bist – nicht nur im Kopf, sondern mit Gefühl.

Fühle sie. Atme sie. Lass sie in dein Herz sinken.

Vielleicht sogar: Wofür bin ich heute dankbar, obwohl es nicht leicht war?

Was will mir das Leben sagen?

Gab es heute einen Moment, in dem ich spüren durfte: Dankbarkeit öffnet mir eine Tür zu etwas, das ich vorher nicht sehen konnte?

Tag 26: Ich lasse Kontrolle los und öffne mich dem Leben

Tagesmotto:

„Ich gebe ab – und werde empfangen."

Heilige Weisheit:

„Lass los, was du nicht halten kannst – damit du empfangen kannst, was dir zusteht."

– Unbekannt

Impuls:

Lange glaubte ich, ich müsste alles im Griff haben.

Ich plante, ich organisierte, ich dachte vor, ich sicherte ab.

Und doch – je mehr ich kontrollieren wollte,

desto mehr spürte ich Enge, Druck, Erschöpfung.

Bis sich mir zeigte:

Kontrolle ist eine Illusion.

Ich kann mein Herz nicht kontrollieren.

Nicht meinen Atem.

Nicht den Lauf des Lebens.

Was ich aber tun kann, ist:

Mich hingeben.

Vertrauen.

Mitfließen.

Ich habe beobachtet:

Wir Menschen bauen uns eine Art Pseudosicherheit auf.

Versicherungen, Verträge, Absicherungen – wir wollen
auf alles vorbereitet sein.

Doch wenn ich mit Abstand auf all das blicke,

erkenne ich:

Das Leben antwortet auf meine innere Haltung.

Wenn ich mich ständig absichere,
kommuniziere ich: Ich traue dem Leben nicht.
Und das Leben bestätigt mein Misstrauen.

Doch wenn ich loslasse – wenn ich vertraue, dass alles
zu meinem Besten geschieht – dann antwortet das
Leben mit Fülle, mit Führung, mit Geschenken.

Es sagt: Du vertraust mir? Dann zeige ich dir, dass du
recht hast.

Loslassen ist kein Aufgeben –
es ist ein sich Einlassen auf das, was größer ist als ich.

Wenn ich Kontrolle loslasse,
tanze ich wieder mit dem Leben.
Ich werde leicht.
Empfangend.

Führbar.

Frei.

Übung:

Spüre heute in dich hinein: Wo möchtest du noch kontrollieren?

Welcher Bereich deines Lebens fühlt sich eng an?

Sag innerlich: Ich lasse los. Ich vertraue.

Und beobachte, was geschieht.

Was will mir das Leben sagen?

Gab es heute einen Moment, in dem ich loslassen konnte – und dadurch etwas Größeres in mein Leben eingeladen habe?

Tag 27: Ich begegne mir selbst mit Mitgefühl

Tagesmotto:
„Ich bin mein eigener sicherer Ort."

Heilige Weisheit:
„Behandle dich selbst so, wie du ein geliebtes Kind
behandeln würdest."
— Unbekannt

Impuls:

Es gab eine Zeit, da war ich streng mit mir.

Ich wollte es „richtig" machen.

Ich stellte hohe Ansprüche.

Ich verzieh mir kaum Fehler.

Doch dann wurde mir bewusst:

So wie ich mit mir umgehe, formt sich mein inneres
Klima.

Wenn ich mich selbst ablehne, verurteile oder antreibe,
kann keine echte Heilung geschehen.

Keine Sanftheit. Kein Vertrauen.

Ich habe gelernt, mir selbst mitfühlend zu begegnen.

Wie einer Freundin.

Oder wie einem Kind.

Gerade das Bild vom eigenen Kind berührt mich tief.

Denn wenn wir Kinder haben,

dann schenken wir ihnen so oft unsere ganze Fürsorge.

Wir stellen uns zurück.

Wir geben – bedingungslos.

Doch irgendwann verstand ich:

Ich kann nur das geben, was ich in mir trage.

Wenn ich erschöpft bin, überfordert, leer,

dann kann ich meinem Kind nicht wirklich das geben, was es braucht.

Ich habe erfahren, wie ich mich selbst vergessen habe – weil ich glaubte, für andere da sein zu müssen.

Heute weiß ich:

Es braucht zuerst meine Kraft. Meine Erfüllung. Meine Ausgeglichenheit.

Nur dann kann ich in Liebe geben – nicht aus Pflicht, sondern aus Fülle.

Und auch wenn meine Kinder heute erwachsen sind:

Ich behandle mich selbst wie mein eigenes Kind.

Mit Fürsorge.

Mit Achtung.

Mit ganz viel Liebe.

Denn ich bin mir selbst am Nächsten.

Ich bin 24 Stunden mit mir zusammen.

Und das macht Selbstmitgefühl zur wertvollsten Investition meines Lebens.

Selbstmitgefühl ist kein Mitleid.

Es ist ein Erkennen: Ich bin Mensch.

Ich darf fühlen. Ich darf wachsen. Ich darf Fehler machen.

Und ich darf mich trotzdem lieben – gerade deshalb.

Denn Fehler sind keine Schwächen,

sondern Erfahrungen, die mich bereichern.

Sie zeigen mir, dass ich lebe, lerne und mich entwickle.

Selbstmitgefühl bedeutet, mir auf diesem Weg mit Liebe zu begegnen –

immer wieder neu.

Übung:

Sprich heute innerlich mit dir wie mit einem geliebten Menschen.

Wenn du dich verurteilst – halte inne.

Frag dich: Was würde ich einer Freundin in dieser Situation sagen?

Sag genau das – zu dir.

Was will mir das Leben sagen?

Gab es heute einen Moment, in dem ich mir selbst begegnet bin – in Mitgefühl, Sanftheit und Verständnis?

Tag 28: Ich öffne mich für echte Verbindung

Tagesmotto:
„Ich bin verbunden – mit mir, mit dir, mit allem, was ist."

Heilige Weisheit:
„Wenn wir einander wirklich sehen, heilt sich etwas in der Welt."
– Unbekannt

Impuls:

Ich sah plötzlich, worum es wirklich geht:
Wahre Verbindung beginnt nicht im Außen –
sie beginnt in mir.

Solange ich mit mir selbst im Kampf bin,
kann ich andere nicht wirklich annehmen.
Solange ich mich selbst nicht achte,
kann ich das Gegenüber nicht in seiner Tiefe sehen.

Doch wenn ich in mir ankomme,
wenn ich mir selbst Raum gebe,
wenn ich mich liebevoll sehe –
dann beginnt mein Herz sich zu öffnen.

Und mit diesem offenen Herzen
begegne ich dem Leben.
Dann wird aus einem Gespräch ein Berühren.
Aus einem Blick ein Erkennen.
Aus einem Miteinander ein tiefes Mitfühlen.

Verbindung ist wie ein Band.
Und ein Band kann nur halten,
wenn es von beiden Seiten gehalten wird.

Wenn nur einer hält, fällt es schlaff zu Boden.
Doch wenn beide sagen:
Ich bin da. Ich halte. Ich öffne meine Hand. –
dann entsteht ein Raum, in dem etwas Heiliges
geschieht.

Es braucht keine Perfektion.
Nur Präsenz.
Nur das ehrliche, stille, Ich sehe dich.

Echte Verbindung bedeutet:
Ich halte das Band –
**und ich bin bereit, dich zu sehen, ohne dich
verändern zu wollen.**

Übung:

Beobachte heute, mit wem du dich wirklich verbunden fühlst – und warum.

Ist es ein Blick, ein offenes Wort, ein Moment der Stille?

Öffne dich bewusst für einen echten Moment der Begegnung – mit einem Menschen, mit dir selbst oder mit der Natur.

Was will mir das Leben sagen?

Gab es heute einen Moment echter Verbindung, in dem ich spüren durfte: Ich bin Teil von etwas Größerem – und das ist heilsam?

Tag 29: Ich lasse den Vergleich los und ehre meine Einzigartigkeit

Tagesmotto:
„Ich bin nicht hier, um jemand anderes zu sein – ich bin hier, um ich selbst zu sein."

Heilige Weisheit:
„Vergleiche dich nicht – denn du bist nicht vergleichbar."
– Unbekannt

Impuls:

Ich habe mich oft verglichen.

Unbewusst.

Mit anderen Müttern, Frauen, Menschen.

Mit Bildern von Erfolg. Mit Vorstellungen von Schönheit.

Mit dem, was andere scheinbar mühelos meistern.

Doch jedes Mal, wenn ich mich verglich,
verlor ich ein Stück von mir selbst.

Ein Stück meines Wertes.

Ein Stück meiner Wahrheit.

Bis ich das Muster durchschaute:

Ich bin nicht hier, um jemand anderes zu sein.
Ich bin hier, um ganz ich selbst zu sein.
Vergleichen trennt.
Es macht klein oder überheblich –
aber niemals wahrhaft verbunden.

Und wenn ich mich ständig an anderen messe,
verpasse ich die Schönheit meines eigenen Weges.
Denn niemand hat meine Geschichte.
Niemand trägt meine Seele.
Niemand sieht die Welt durch meine Augen.

Ich sage oft:
„Vergleichen ist der Tod des Friedens."

Denn wenn ich nicht vergleiche,
sondern die Originalität jedes Wesens anerkenne – auch
meine eigene –
dann geschieht etwas Wunderbares:
Jeder darf sein, wie er ist.

Ich erkenne die Schönheit, die jeder in sich trägt.
Nicht als Konkurrenz, sondern als Ergänzung.
Als Facettenreichtum des Lebens.

Und dieser Weg war auch meine Erfahrung mit dem
Schreiben.
Lange dachte ich: Was habe ich schon zu sagen?

Meine Gedanken, meine Erkenntnisse, mein Erleben –

Das kennt und erlebt doch jeder, nichts neues.

Doch dann spürte ich:

Niemand denkt wie ich.

Niemand fühlt, wie ich.

Niemand schreibt, wie ich.

Ich bin ein Original.

Und genau das hat mich ermutigt, meine Worte in die Welt zu bringen –

ohne Vergleich, aber mit Wahrheit.

Und ich freue mich zu sehen, was daraus wird.

Übung:

Achte heute bewusst darauf, wann du dich vergleichst – in Gedanken, in Gesprächen, im Tun.

Halte inne.

Sag dir innerlich: Ich bin einzigartig. Und ich ehre den Weg, der nur mir gehört.

Was will mir das Leben sagen?

Gab es heute einen Moment, in dem ich aufhörte, mich zu vergleichen – und begann, mich selbst zu feiern?

Tag 30: Ich treffe Entscheidungen aus meinem Herzen heraus

Tagesmotto:
„Wenn mein Herz Ja sagt, ist es der richtige Weg."

Heilige Weisheit:
„Das Herz hat seine Gründe, die der Verstand nicht kennt."
– Blaise Pascal

Impuls:

Ich stand oft an Weggabelungen.

Entscheidungen, groß oder klein.

Und mein Verstand wollte planen, analysieren, abwägen.

Doch oft war da diese Stimme – ganz leise, ganz klar.

Und sie kam nicht aus dem Kopf.

Sie kam aus meinem Herzen.

Ich habe gelernt:

Wenn ich in mich hineinspüre, weiß ich eigentlich längst, was richtig ist.

Es ist kein Wissen im klassischen Sinn.

Es ist ein inneres Ja, das sich ruhig, friedlich, kraftvoll anfühlt.

Eine der einschneidendsten Entscheidungen meines Lebens traf ich mit 20 Jahren:

Ich erfuhr, dass ich schwanger war.

Und obwohl ich noch sehr jung war,

war da keine Unsicherheit.

Keine innere Diskussion.

Ich wusste: Ich werde Mutter.

Das Umfeld war skeptisch, teilweise ängstlich.

Doch in mir war Klarheit.

Ein tiefes Wissen: Es ist gut, so wie es ist.

In diesem Moment habe ich zum ersten Mal wirklich erfahren, was es heißt, meinen Weg zu gehen –

auch wenn niemand sonst ihn sieht oder versteht.

Nur ich trage meine Schuhe.

Nur ich spüre, wohin sie mich führen.

Heute, über 20 Jahre später, blicke ich zurück und weiß:

Ich kann mich auf mich selbst verlassen.

Ich weiß, wer ich bin.

Ich weiß, wie ich mein Leben leben darf.

Und ich weiß:

Wenn mein Herz Ja sagt, dann ist es richtig –

für mich.

Entscheidungen aus dem Herzen führen mich in mein wahres Leben.

Nicht in das perfekte Leben.

Aber in das stimmige, lebendige, echte.

Übung:

Spüre heute in eine Entscheidung hinein – klein oder groß.

Geh mit der Frage nicht in den Kopf, sondern ins Herz.

Was fühlt sich friedlich an?

Was fühlt sich nach einem tiefen Ja an – auch wenn es Mut braucht?

Was will mir das Leben sagen?

Gab es heute einen Moment, in dem ich gespürt habe: Mein Herz hat schon entschieden – ich darf ihm nur noch folgen?

Tag 31: Ich höre auf meine Intuition – die Stimme des Lebens in mir

Tagesmotto:
„Meine innere Stimme kennt den Weg."

Heilige Weisheit:
„Intuition ist das Flüstern der Seele, das du nur in der Stille hörst."
– Unbekannt

Impuls:
Je mehr ich still werde,
je mehr ich mich von äußeren Erwartungen löse,
desto deutlicher spüre ich:
Da ist eine leise Stimme in mir, die mich führt.

Sie argumentiert nicht.
Sie erklärt nicht.
Sie flüstert.
Sanft. Klar. Unmissverständlich.

Meine Intuition hat mich schon oft geführt –
zu Menschen, die mir gut taten,
zu Orten, an denen ich Heilung fand,

zu Entscheidungen, die mein Leben verändert haben.

Oft kam sie in Form eines inneren Wissens,
einer Gänsehaut,
eines liebevollen Drängens,
eines Bildes, das plötzlich auftauchte.

Und immer mehr erlebe ich:
Diese innere Intelligenz spricht mit mir.
Durch den Körper. Durch das Leben.
Durch Gänsehaut.
Durch wohliges Gefühl.
Durch scheinbare Zufälle.

Es ist ein wunderschönes Erlebnis,
zu spüren: Das Leben spricht mit mir –
in einer Sprache, die ich wieder lernen darf.

Diese innere, klare Stimme zu entdecken,
sie aufleben zu lassen,
wieder mit ihr in Kontakt zu kommen –
das ist für mich echte Verbindung zum Leben.

Denn Intuition ist nicht nur ein Werkzeug.
Sie ist die Sprache des Göttlichen in mir.
Und sie führt mich – in Klarheit, in Liebe, in Wahrheit.

Übung:

Beobachte heute, wann sich deine Intuition meldet.

Vielleicht spürst du sie im Bauch, in der Brust, in der Stimme in dir.

Lass dich bei einer kleinen Entscheidung heute ganz von ihr leiten – ohne zu hinterfragen.

Vertraue einfach.

Was will mir das Leben sagen?

Gab es heute einen Moment, in dem meine Intuition sprach –

und ich ihr gefolgt bin, obwohl mein Verstand zögerte?

Tag 32: Ich öffne mich für die Fülle des Lebens

Tagesmotto:
„Ich bin bereit, das Gute zu empfangen – in allen Formen."

Heilige Weisheit:
„Fülle ist nicht, alles zu besitzen – sondern alles zu erkennen."

– Unbekannt

Impuls:
Ich durfte erkennen:
Fülle ist kein Besitz.
Fülle ist ein Bewusstseinszustand.

Solange ich mich innerlich klein halte,
solange ich glaube, dass ich etwas „verdienen" muss,
solange ich warte, dass im Außen etwas geschieht –
verschließe ich mich für den Fluss des Lebens.

Doch wenn ich beginne, das Gute zu sehen,
die Schönheit im Kleinen zu würdigen,
den Wert in mir zu erkennen –
dann verändert sich etwas.

Nicht weil plötzlich „mehr" da ist –
sondern weil ich offen werde.
Empfangsbereit.

Die Natur zeigt es uns:
Ein Baum fragt nicht, ob er würdig ist, zu blühen.
Eine Blume fragt nicht, ob sie schön genug ist.
Sie empfangen – weil sie sich öffnen.

Und genau das darf ich auch tun.
Mich öffnen für das, was mir das Leben schenken will:
Freude, Liebe, Wunder, Begegnung, Heilung.

Ich habe erfahren:
Fülle entsteht im Loslassen.

Wenn ich meine Gaben nicht für mich behalte,
sondern sie freigebe,
sie teile,
sie verschenke –
dann füllt sich das Leben wieder auf neue Weise.

**Was ich gebe, kommt zurück – in anderer Form, in
anderer Zeit, aber immer im Kreislauf der Fülle.**

Und je weniger ich mich an Dinge, Besitz, Materie
binde,
desto durchlässiger werde ich.

Desto mehr kann zu mir kommen – und wieder gehen.

Fülle ist Bewegung.

Fülle ist Vertrauen.

Fülle ist das Wissen, dass ich niemals leer bin,

solange ich loslasse.

Übung:

Spüre heute in dich hinein:

Wo erlebst du bereits Fülle – vielleicht ganz still, ganz leise?

Und frage dich: Wofür darf ich mich heute noch mehr öffnen?

Wiederhole innerlich: Ich bin bereit, das Gute zu empfangen – und es weiterzugeben.

Was will mir das Leben sagen?

Gab es heute einen Moment, in dem ich Fülle im Loslassen gespürt habe –

und im Vertrauen, dass alles, was geht, in neuer Form zurückkehrt?

Tag 33: Ich lebe in Wahrhaftigkeit mit mir und der Welt

Tagesmotto:
„Wahrheit ist das Licht, das mich führt."

Heilige Weisheit:
„Deine Wahrheit macht dich frei – wenn du den Mut hast, sie zu leben."
– Unbekannt

Impuls:

Wahrhaftigkeit beginnt im Inneren.

Dort, wo ich still werde.

Wo ich mich frage: Was ist wirklich wahr für mich?

Nicht das, was andere von mir erwarten.

Nicht das, was ich gelernt habe zu glauben.

Nicht das, was sich bequem oder angepasst anfühlt.

Sondern das, was in meinem Innersten leuchtet.

Wahrheit fühlt sich für mich klar an.
Still. Kraftvoll. Friedlich.

Auch wenn sie manchmal unbequem ist.

Auch wenn sie nicht immer in das System oder in Vorstellungen passt.

Es wurde mir klar:

Wenn ich den Mut habe, meine Wahrheit auszusprechen,

atmet meine Seele auf.

Dabei geht es nicht um Lautstärke.

Nicht ums Recht-haben-Wollen.

Nicht ums Überzeugen.

Es geht um das stille Wissen:

Das ist meins. Das bin ich.

Ich habe für mich entdeckt:

Diese tiefe Wahrheit hat ihre Geburtsstätte nicht im Verstand.

Sie wird nicht analysiert oder erklärt.

Sie kämpft nicht gegen das Falsche – sie ist einfach da.

Ich fühle sie.

Sie lebt in mir.

Und sie fühlt sich geborgen an –

wie ein stilles inneres Ja, das aus einer anderen Dimension kommt.

Wahrhaftigkeit bedeutet für mich:

Ich verbiege mich nicht.

Ich spiele keine Rolle.

Ich trage keine Maske.

Ich stehe zu mir.

Ich ehre mein Gefühl.

Ich spreche aus, was sich echt anfühlt –
sanft, aber klar.

Und genau dann entsteht dieser kostbare Moment,
in dem echte Begegnung möglich wird –
mit mir selbst und mit anderen.

Übung:

Spüre heute in dich hinein:

Wo lebst du bereits in Wahrhaftigkeit – und wo noch
nicht?

Gibt es etwas, das ausgesprochen oder gefühlt werden
möchte?

Erlaube dir, deiner Wahrheit Raum zu geben – in
kleinen, echten Schritten.

Was will mir das Leben sagen?

Gab es heute einen Moment, in dem du gespürt hast:
Ich war ganz bei mir – weil ich mir selbst treu geblieben
bin?

Tag 34: Ich vertraue dem Leben – auch wenn ich es nicht verstehe

Tagesmotto:
„Ich muss nicht alles wissen. Ich darf getragen sein."

Heilige Weisheit:
„Vertrauen heißt, dem Fluss zu folgen – auch wenn ich den Ozean noch nicht sehe."
– Unbekannt

Impuls:

Ich hatte Zeiten in meinem Leben, da fühlte sich alles wie ein Nebel an.

Ich konnte nicht sehen, wohin es geht.

Ich hatte keine klaren Antworten.

Und mein Verstand suchte nach Kontrolle, nach Sicherheit, nach Plänen.

Doch das Leben hat mir gezeigt:

Ich muss nicht alles wissen.

Ich muss nicht alles verstehen.

Ich darf vertrauen.

Vertrauen ist nicht naiv.

Es ist kein Ausweichen.

Es ist für mich ein inneres Wissen:
Da ist etwas Größeres, das mich führt.

Ich erinnere mich an einen Moment, in dem ich all das nicht mehr hatte:
keine Lösungen, keine Sicherheiten, kein klares Bild.
Und in genau diesem Moment habe ich etwas erfahren, das tiefer war als jede Antwort:
Ich bin getragen.

Das Leben hat mich in diese Welt gebracht.
Es lässt mein Herz schlagen.
Es führt mich durch Erfahrungen, durch Begegnungen, durch innere Wandlungen.

Und es meint es gut mit mir – auch wenn ich es nicht immer sofort sehe.

Das Wort Vertrauen selbst enthält bereits die Einladung:
Trau dich.
Trau dich, loszulassen.
Trau dich, einfach zu sein.
Trau dich, dich hineinfallen zu lassen in die Gewissheit, dass das Leben dich hält.

Und mit jedem Schritt in dieses Vertrauen hinein bestätigt mir das Leben:

Ja, du darfst dich mir anvertrauen.

Was gibt es Schöneres,

als sich selbst zu erlauben,

sich in dieses Wissen hineinzulegen –

und die Ruhe zu empfangen, die daraus erwächst?

Übung:

Spüre heute in dich hinein:

Gibt es etwas, das du unbedingt wissen oder lösen
willst?

Etwas, das dein Verstand festhält?

Sprich innerlich:

„Ich vertraue. Ich traue mich, einfach zu sein."

Gehe ins Fühlen.

Lass los, was du kontrollieren willst.

Erlaube dir, nicht zu wissen, sondern einfach zu spüren.

Wenn du loslässt und dem Leben vertraust,

zeigt sich dir der Weg.

Was will mir das Leben sagen?

Gab es heute einen Moment, in dem ich einfach
losgelassen habe –

und das Leben mir genau dadurch etwas geschenkt hat,
das ich nicht erwartet hätte?

Tag 35: Ich folge meiner inneren Führung

Tagesmotto:

„Mein Weg entfaltet sich in mir – Schritt für Schritt."

Heilige Weisheit:

„Die Antworten, die du suchst, wohnen bereits in dir."

– Unbekannt

Impuls:

Es gibt eine Führung in mir,

die nicht mit dem Verstand arbeitet,

sondern mit Vertrauen, mit Gefühl, mit innerem Wissen.

Diese Führung ist nicht laut.

Sie drängt sich nicht auf.

Sie wartet, bis ich still werde.

Bis ich offen bin.

Bis ich bereit bin, zu hören.

Ich brauche keinen fixen Plan,

keine Liste mit Zielen.

Ich habe etwas viel Kostbareres:

einen inneren Kompass.

Dieser Kompass wird durch meine Werte ausgerichtet.
Und danach darf ich mich überraschen lassen,
wohin mich der Tag führt.

Ich sehe nicht die Insel, auf die ich zusteuere –
aber ich sehe das Meer.
Ich sehe das Glitzern der Sonne auf der
Wasseroberfläche.
Ich spüre die warme Sommerluft auf meiner Haut
und freue mich über die Delfine,
die an meiner Seite aus dem Wasser springen.

Ich erlebe das Leben in seiner Fülle,
während es mich Schritt für Schritt an den Ort führt,
den mein Herz längst kennt.

Und wenn ich dort angekommen bin,
dann weiß ich:
Von hier aus geht es weiter.
Und weiter.
Und weiter.

**Denn diese Quelle in mir –
diese innere Führung –
sie versiegt nie.**
Sie ist lebendig.
Ewig.
Verlässlich.

Übung:

Nimm dir heute einen Moment der Stille.

Spüre in dich hinein: Gibt es etwas, wo du Führung suchst?

Lege deine Hand auf dein Herz und frage dich:

Was weiß ich – ohne es erklären zu können?

Vertraue auf den ersten Impuls.

Was will mir das Leben sagen?

Gab es heute einen Moment, in dem du dich geführt gefühlt hast –

nicht durch Plan, sondern durch Freude, durch Sinneseindrücke, durch Vertrauen?

Tag 36: Ich öffne mich für das, was mir das Leben schenken will

Tagesmotto:

„Ich bin bereit zu empfangen – still, offen, dankbar."

Heilige Weisheit:

„Nicht das Leben hält zurück – es ist unser Herz, das sich noch nicht geöffnet hat."

– Unbekannt

Impuls:

Lange Zeit dachte ich, ich müsste etwas leisten, um etwas zu empfangen.

Ich bin mit dem Glaubenssatz aufgewachsen:

Wenn du etwas erreichen willst, musst du hart dafür arbeiten.

Man muss Opfer bringen, um etwas zu bekommen.

Und viele Jahre habe ich geglaubt, genau das sei der Weg.

Bis ich etwas völlig anderes erfahren durfte.

Ich durfte erleben:

Wenn ich das tue, wofür ich berufen bin –

wenn ich meine Gaben und Talente mit der Welt teile –

dann entsteht eine Leichtigkeit, die mich trägt.

Und diese Leichtigkeit strömt zurück –

in mein Herz,

in meine Seele,

aber auch in mein Leben.

Ich bekomme das, was ich von Herzen gebe.

Nicht, weil ich etwas erwarte.

Sondern weil ich in Einklang lebe mit dem, was ich
wirklich bin.

Das ist für mich heute die tiefere Wahrheit:

Ich empfange nicht, weil ich etwas „verdient" habe –

sondern weil ich bereit bin, zu vertrauen.

In mich und meine einzigartigen Gaben.

Meine Gaben sind dazu da, gegeben zu werden.

Nicht, um etwas zu erreichen,

sondern weil sie durch mich fließen wollen.

Ich muss nichts verdienen.

Wenn ich gebe, aus Liebe und Wahrhaftigkeit,

dann empfange ich – ganz von selbst.

Empfang ist die natürliche Antwort des Lebens

auf das, was ich vorher geschenkt habe.

Es ist ein Kreislauf.

Ein stilles Ein- und Ausatmen.

Empfangen ist kein Tun.

Es ist ein Sein.

Ein Öffnen.

Ein inneres: Ich bin bereit.

Je mehr ich an das Gute glaube,

je mehr ich daran glaube, dass das Leben auf meiner
Seite ist – desto mehr zeigt sich genau das in meinem
Leben.

Denn ich durfte es erleben:

Wir empfangen nicht das, was wir uns wünschen –

sondern das, woran wir innerlich glauben.

Und um empfangen zu können,

dürfen wir zuerst erkennen, was bereits in uns lebt.

Oft sind es gerade unsere wahren Gaben,

die wir selbst nicht als solche erkennen.

Weil sie sich so leicht anfühlen,

so selbstverständlich scheinen,

dass wir sie kaum wahrnehmen.

Doch genau das macht sie so kostbar.

Was durch mich fließt,

ohne dass ich etwas dafür tun muss,

ist mein Geschenk an die Welt.

Wenn ich beginne, auch das Selbstverständliche zu ehren,

öffnet sich der Raum fürs Empfangen. Ganz natürlich.

Übung:

Spüre heute in dich hinein:

Gibt es etwas, das du dir wünschst –

doch vielleicht noch nicht ganz zulassen kannst?

Sag innerlich: Ich bin bereit zu empfangen.

Ich öffne mein Herz. Ich lasse es geschehen.

Richte deinen Blick liebevoll nach innen:

Welche Gaben trägst du in dir,

die darauf warten, mit der Welt geteilt zu werden?

Vielleicht ist es deine Stimme.

Dein Mitgefühl.

Deine Kreativität.

Oder einfach dein Dasein, so wie du bist.

Erkenne, was durch dich fließen will – nicht, um etwas zu leisten,

sondern um das Leben durch dich wirken zu lassen.

Was will mir das Leben sagen?

Gab es heute einen Moment, in dem ich spürte: Das Leben will mich gerade beschenken – darf ich es annehmen?

Tag 37: Ich richte meinen Blick auf das, was bereits da ist

Tagesmotto:

„Ich erkenne den Reichtum, der mich umgibt – und der in mir lebt."

Heilige Weisheit:

„Dort, wo dein Blick ruht, wächst deine Wirklichkeit."

– Unbekannt

Impuls:

Ich habe gelernt:

Wenn ich meinen Fokus auf den Mangel richte –

auf das, was fehlt,

was nicht klappt,

was mir Sorgen macht –

dann zieht sich mein Herz zusammen.

Ich fühle Enge. Und aus dieser Enge heraus beginne ich, das Leben zu kontrollieren.

Doch sobald ich den Blick verändere,

sobald ich mich bewusst frage:

Was ist schon da?

Was trägt mich?

Was erfüllt mich heute – ganz unabhängig von äußeren
Umständen?
…verändert sich mein ganzer Zustand.

**Denn das, worauf ich meinen Blick richte, wird
größer.**
Und ich entscheide, worauf ich ihn richte.

Ich erkenne immer deutlicher:
Energie folgt der Aufmerksamkeit.

Ich habe Energie in mir –
Lebensenergie, die durch mich strömt.
Und ich bestimme, wo sie hinfließt.

Wenn ich meine Aufmerksamkeit auf das richte,
was ich nicht mehr will –
nähre ich genau das.
Wie in einer Petrischale, in der genau das zu wachsen
beginnt,
worauf ich mein Licht richte.

Doch wenn ich meine Aufmerksamkeit lenke auf das,
was mich erfüllt,
was mich begeistert,
was mich berührt,
was mir Leichtigkeit schenkt –
dann beginne ich, das Schöne zu nähren.

Auch diese Petrischale wächst –
und mit ihr wächst das Licht in meinem Leben.

Innere Fülle beginnt mit dem Sehen.
Nicht mit dem Haben.

Und das Leben antwortet –
auf genau das, was ich bereit bin zu erkennen.

Übung:

Nimm dir heute bewusst Zeit für einen Füllblick:

Schreib oder sprich laut aus, was gerade da ist – in dir, um dich, durch dich.

Lass das Gefühl entstehen: Ich bin schon reich – ich habe alles, was ich brauche.

Spüre dann, wie es sich vermehrt – einfach, weil du es anschaust.

Was will mir das Leben sagen?

Gab es heute einen Moment, in dem ich erkannte:

Ich dachte, mir fehlt etwas – doch in Wahrheit bin ich längst erfüllt?

Tag 38: Ich bin Teil der Natur – und sie spricht mit mir

Tagesmotto:

„Ich lasse mich vom Rhythmus des Lebens berühren."

Heilige Weisheit:

„Die Natur eilt nicht – und doch ist alles vollbracht."

– Unbekannt

Impuls:

Es gibt einen Ort, an dem ich mich immer wieder erinnern darf.

An das, was ich bin.

An das, was ewig ist.

An das, was einfach lebt.

Dieser Ort ist nicht fern –
er ist da, sobald ich meine Sinne öffne:
Die Natur.

Sie spricht leise.

Sie erklärt nichts.

Aber sie zeigt mir alles.

Ich darf es immer wieder erleben:

Im Zeitalter von Multimedia, Smartphones und LED-Screens, sind wir oft umgeben von künstlicher Befriedigung –
und vergessen dabei, was wirklich nährt.

Wir sitzen auf der Couch,
blicken in einen viereckigen Kasten,
und schauen anderen Menschen beim Leben zu –
statt selbst lebendig zu sein.

Doch das ist nicht echt.
Es ist eine Illusion von Zugehörigkeit.
Eine leere Ablenkung.

Mein Mann und ich haben begonnen zu wandern –
und mit jedem Schritt in die Natur
öffnete sich eine Welt,
die alle Sinne anspricht.

Es ist der Duft des Waldes.
Das Rauschen des Baches.
Das Zusammenspiel der Ameisen.
Das Spüren des Waldbodens unter meinen Füßen.
Das Berühren der Blätter.
Das Riechen der Blumen.

Es ist das gemeinsame Miteinandergehen.
Das Entstehen von Gesprächen.

Das Stillsein.

Das Sich-Verlieren im Moment.

Die Natur erschafft eine Atmosphäre,

die so lebendig ist, dass man sie nicht beschreiben
– nur erfahren kann.

Sie zeigt mir das Wunder, das uns lebt:

Die Intelligenz, die Planeten lenkt.

Die Kraft, die ein winziges Samenkorn in einen Baum
verwandelt.

Die Liebe, die jede Schneeflocke zum Kunstwerk
macht.

Mit jedem Moment in dieser Verbindung

erkenne ich:

Ich bin Teil von etwas Größerem.

Und dieses Größere lebt in mir.

Übung:

Geh heute bewusst in die Natur – oder verbinde dich innerlich mit ihr.

Beobachte, ohne zu bewerten.

Spüre, was die Natur dir heute sagen möchte.

Vielleicht eine Botschaft durch einen Baum, ein Tier, den Wind oder die Sonne.

Empfange sie – ohne Worte, mit dem Herzen.

Was will mir das Leben sagen?

Gab es heute einen Moment, in dem ich fühlte:

Ich bin nicht allein – die Natur spricht mit mir, weil ich Teil von ihr bin?

Tag 39: Ich finde Frieden in mir

Tagesmotto:

„Mein innerer Frieden ist unabhängig vom Lärm der
Welt."

Heilige Weisheit:

„Friede beginnt in dem Moment, in dem du
entscheidest, nicht mehr gegen dich selbst zu kämpfen."

– Unbekannt

Impuls:

Es gab Zeiten, in denen ich dachte, der Friede müsse
von außen kommen:

Wenn die Umstände passen.

Wenn andere sich verändern.

Wenn das Leben mir Ruhe gibt.

Doch mir wurde bewusst:

Wahrer Friede beginnt in mir.

Er entsteht nicht durch das, was um mich ist,
sondern durch das, was ich in mir erkenne.

Wenn ich meinen Fokus auf das Außen richte,

wenn ich meine Aufmerksamkeit an Menschen, Dinge
oder Umstände andocke,

dann ist mein Friede ständig in Bewegung.

Es gibt immer etwas, das stört, das zieht, das fordert.

Doch wenn ich bei mir bleibe,

wenn ich die äußeren Geschehnisse einfach nur
wahrnehme,

ohne mich mit ihnen zu verstricken –

dann bleibt mein innerer Raum still.

Klar.

Unerschütterlich.

Ich erkenne:

Der Friede in mir ist wie ein ruhiger See.

Und ich bestimme, ob ich Steine hineinwerfe.

In dieser stillen Kraft kann ich sogar Situationen,

die in einer tiefen Schwingung sind,

in eine höhere Schwingung heben –

einfach durch die Gegenwart meines Friedens.

Denn innerer Friede ist nicht nur ein Zustand,

sondern eine Ausstrahlung.

Eine Erinnerung für alles um mich,

dass es auch zur Ruhe kommen darf.

Übung:

Schließe heute für einen Moment deine Augen.

Atme bewusst ein und aus.

Spüre deinen Körper.

Sprich innerlich: Ich bin in Frieden mit mir. Ich bin sicher. Ich bin da.

Lass diesen Frieden ausstrahlen – in dein Herz, in deinen Geist, in jede Zelle.

Was will mir das Leben sagen?

Gab es heute einen Moment, in dem ich spürte:

Ich bin im Frieden – und dieser Frieden wirkt über mich hinaus?

Tag 40: Ich bin bereit, neu zu leben – in Verbindung mit allem, was ich bin

Tagesmotto:
„Ich lasse los, was war – und empfange, was jetzt in mein Leben fließen will."

Heilige Weisheit:
„Der Moment, in dem du ganz in dir ankommst, ist der Moment, in dem dein neues Leben beginnt."
– Unbekannt

Impuls:

Heute schließt sich ein Kreis.

40 Tage lang bin ich eingetaucht –

in mich selbst, in meine Gedanken,

in meine Gefühle, in meine Wahrheit.

Ich habe gesehen, was nicht mehr passt.

Ich habe gefühlt, was geheilt werden will.

Ich habe erinnert, was in mir lebt.

Ich habe neu gewählt, was durch mich in die Welt fließen darf.

Und ich habe erfahren:

Ich bin ein Gefäß für das Göttliche.

Ich bin nicht getrennt.
Ich bin verbunden.
Mit dem Leben, mit dem Licht, mit allem, was ist.

In diesen 40 Tagen durfte ich reinigen, erkennen,
vergeben, erinnern.
Ich durfte lieben lernen – mich selbst und das Leben.

Und jetzt, am Ende dieses Weges,
stehe ich nicht am Ziel.
Ich stehe am Anfang.

Ich spüre:
Ich bin neu geworden – in mir.
Ich bin klarer, stiller, weiter.
Ich bin bereit.

Das Leben will gelebt und erlebt werden.
Es lebt. Es pulsiert. Es fließt.
Alles, was sich schwer anfühlt, was traurig macht,
was uns in Gefühle der Ohnmacht bringt –
das will nicht festgehalten werden.
Es will erkannt, gefühlt, geheilt – und gewandelt
werden.

In das Leichte.
In das Lebendige.
In das, was natürlich fließt.

Die Natur zeigt es uns:
Sie hält nichts fest.
Sie kämpft nicht.
Sie vertraut – und lässt geschehen.

Diese Natürlichkeit ist unsere Erinnerung:
Dass alles kommt, wenn die Zeit reif ist.
Und dass alles gehen darf, wenn es sich erfüllt hat.

Ich darf mich dieser Kraft anvertrauen.
Ich darf loslassen, was nicht mehr mitschwingen will.
Ich darf heilen, was sich zeigen will.

Und ich darf mich öffnen –
für das Leben, das jetzt durch mich gelebt werden
möchte.

Übung:
Schreib dir heute einen Brief an dein jetziges Selbst –
voller Dankbarkeit für den Weg, den du gegangen bist.
Spüre, was sich verändert hat.
Was in dir neu geboren wurde.
Und dann:
Sprich laut oder leise: Ich bin bereit. Ich empfange mein
neues Leben.

Was will mir das Leben sagen?

Gab es heute einen Moment, in dem ich ganz still spürte:

Ich bin angekommen. Und von hier aus darf es neu beginnen?

Schlusswort

Am Ende dieser 40 Tage stehst du nicht am Ziel –
du stehst an einem neuen Anfang.

Du hast gereinigt, erkannt, losgelassen, empfangen,
gewandelt.
Du hast dir Raum geschaffen – für dein wahres Sein.

Vielleicht spürst du, wie sich etwas in dir neu ausrichtet.
Wie dein Blick klarer geworden ist.
Wie dein Herz freier atmet.
Wie dein Geist stiller geworden ist.

Du hast dich erinnert.
Und mit dieser Erinnerung beginnt das bewusste Leben.

Denn das Leben ist nicht etwas, das uns geschieht.
Das Leben ist ein Ausdruck von dem,
was in uns lebt –
von dem, was wir nähren,
was wir glauben,
was wir in die Welt tragen.

Du bist ein Kanal für das Göttliche.
Und je klarer dieser Kanal ist,
desto kraftvoller kann das Licht durch dich wirken.

Geistiges Fasten war für mich der erste Schritt,
um diesen Kanal zu reinigen, zu ehren, neu
auszurichten.

Und es freut mich von Herzen,
wenn du diesen Weg mit mir gegangen bist.

Doch dieser Weg ist nicht zu Ende –
er öffnet sich weiter.
Er wird tiefer.
Weicher. Wahrhaftiger.

Deshalb entsteht ein weiteres Buch:
„Die Sprache des Lebens".
Ein Werk, in dem all die kurzen Impulse
Raum zur Entfaltung bekommen.
Dort teile ich meine persönlichen Einsichten
noch tiefer –
und beschreibe ausführlicher,
was in diesem Buch nur angedeutet werden kann.

In diesem Buch lade ich dich ein,
noch tiefer einzutauchen –
in das Lauschen, das Verstehen, das Erkennen und
Erleben der Weisheit, die in allem liegt.

Denn das Leben spricht –
nicht mit Worten,

sondern durch Situationen, Begegnungen, Gefühle,
Bilder, Stille.

Und wenn du lernst, seine Sprache zu verstehen,
öffnet sich eine neue Welt.
Eine Welt, in der du getragen bist.
Geleitet.
Geliebt.

Ich danke dir, dass du diesen Weg mit mir gegangen
bist.
Möge dein Geist frei,
dein Herz offen
und dein Leben voller Licht sein.

In Liebe,
Martina

Hinweis zu verwendeten Zitaten

In diesem Buch sind Zitate aus verschiedenen spirituellen, philosophischen und literarischen Quellen eingeflossen – unter anderem von Buddha, aus den Psalmen und Sprüchen der Bibel, dem Talmud, taoistischen Weisheiten, arabischen Sprichwörtern sowie von Persönlichkeiten wie Blaise Pascal, Rumi, Eckhart Tolle, Viktor E. Frankl, Francis Bacon, Meister Eckhart und Antonio Machado.

Sie alle sind Ausdruck derselben einen Weisheit, die sich durch die Zeiten, Kulturen und Worte hindurch ihren Weg in unser Bewusstsein bahnt.

Es ist mir ein Anliegen, diese Vielfalt anzuerkennen – als Zeichen dafür, dass die eine Intelligenz seit jeher unter uns wohnt und immer wieder durch uns spricht.

Es lohnt sich, auch diese Quellen und Bücher selbst zu entdecken – als Inspiration für das eigene Leben und als vertiefende Einladung, die Sprache des Lebens in ihrer ganzen Fülle zu erfahren.

„Jeder Gedanke, den ich losließ, war ein Schleier vor meinem Licht. Jetzt darf es leuchten – durch mich, in diese Welt."

– Martina Putzi